Geschichts-Kompaß
Deutschland

Geschichts-Kompaß Deutschland

3000 Daten
der deutschen Geschichte
von den
Anfängen bis zur Gegenwart

PLOETZ

Bearbeitet im Auftrag der PLOETZ-Redaktion
von Martina Weber M.A.

unter Verwendung der Texte von:
Prof. Dr. Friedrich Prinz (Frankenreich),
Prof. Dr. Jürgen Petersohn (Hochmittelalter),
Prof. Dr. Peter Moraw (Spätmittelalter),
Prof. Dr. Helmut Neuhaus (Heiliges Römisches Reich),
Prof. Dr. Werner Conze (Neuzeit bis 1939),
Prof. Dr. Andreas Hillgruber (Zweiter Weltkrieg),
Prof. Dr. Peter Hüttenberger (Deutschland seit 1945)

aus: Der Große PLOETZ
Auszug aus der Geschichte,
32., aktualisierte Auflage.

Die Deutsche Bibliothek – CIP-Einheitsaufnahme

Ploetz, Geschichtskompaß Deutschland : 3000 Daten der deutschen Geschichte von den Anfängen bis zur Gegenwart / [bearb. im Auftr. der Ploetz-Redaktion von Martina Weber]. – Freiburg (Breisgau) : Ploetz, 1998
ISBN 3-87640-395-2

Umschlaggestaltung: Joseph Pölzelbauer Design

Satz: SatzWeise, Trier
Druck und Bindung: Freiburger Graphische Betriebe 1998
Gedruckt auf säurefreiem Papier
ISBN: 3-876**40-395**-2

Inhaltsverzeichnis

Verzeichnisse der Herrscher und Staatsoberhäupter

Das Freie Germanien bis zur Völkerwanderung

Seit dem 2. Jt. v. Chr. läßt sich von Südskandinavien bis zum Harzvorland und von Ostniedersachsen bis Hinterpommern eine kulturelle Zone archäologisch abgrenzen; in ihr werden um die Zeitenwende die **Germanen** faßbar, deren Name von Caesar im 1. Jh. v. Chr. verwendet wird.
Fünf Gruppen von Stämmen lassen sich im 1. Jh. n. Chr. unterscheiden: Neben den Nordgermanen Skandinaviens stehen eine Gruppe an der Nordseeküste (mit Friesen und Chauken), Westgermanen zwischen Rhein und Saale, Weser und Main (Brukterer, Tenkterer, Chatten, Cherusker, teilweise Hermunduren), Elbgermanen von Niedersachsen bis zur Oder (Langobarden, Semnonen, Markomannen, Quaden, teilweise Hermunduren), Ostgermanen zwischen Oder und Weichsel, Bug und San (Lugier, Rugier, Burgunder, Goten, Vandalen).
Aus zahlreichen Kleinstämmen bilden sich seit dem 2./3. Jh. größere **Stammesverbände** neu (z. B. Franken, Sachsen, Alamannen), nichtgermanische Bevölkerungsteile werden dabei z. T. integriert (z. B. bei der Herausbildung der Bajuwaren/Bayern im 6. Jh.).

um 120 v. Chr.	Abzug der **Kimbern**, **Teutonen** und Ambronen aus Jütland.
102/101	Nach Siegen bei Noreia (113) und Arausio (105) werden sie bei Aquae Sextiae und Vercellae von den Römern unter Marius vernichtend geschlagen.
1. Jh.	Im Zusammenhang mit der Südausdehnung der elbgermanischen Sueben kommen die Hermunduren nach Thüringen, die Triboker nach Württemberg, die Vangionen und Markomannen ins Rhein-Main-Gebiet, die Quaden nach Mähren. Die Vandalen besetzen das frei gewordene Gebiet an Elbe und Unstrut.
39/38 (oder 19?)	Ansiedlung der Ubier im Raum Köln; deren bisheriges Gebiet zwischen den Flüssen Rhein, Main und Lahn erhalten die Chatten.

12–8	Römische Eroberungszüge unter Drusus bzw. Tiberius führen zur Unterwerfung der Germanenstämme bis zur Elbe.
9 n.Chr.	Die Vernichtung der drei Legionen des Varus durch den **Aufstand des Arminius** beendet die direkte Römerherrschaft zwischen Niederrhein und Unterelbe.
83–85	Chattenkrieg Kaiser Domitians. Umwandlung der zwei germanischen Heeresbezirke (einschließlich Wetterau, Odenwald, Neckartal, Schwäbischer Alb) in die Provinzen Germania Inferior und Superior (85/90).
ca. 83–161	Anlage des obergermanisch-rätischen **Limes**.
ca. 150–180	Wanderung der Goten von der Weichselmündung zur Schwarzmeerküste. Dadurch werden eine Westbewegung der Burgunder und eine Südbewegung der Vandalen veranlaßt.
213	Krieg des Kaisers Caracalla gegen die Alamannen, die bald darauf (233) den Limes überrennen, aber zunächst noch zurückgeschlagen werden (235).
um 259/260	Die **Alamannen** nehmen das gesamte Gebiet zwischen Limes, Rhein, Donau und Iller auf Dauer in Besitz.
3./4. Jh.	In der Folgezeit können die Kaiser Diokletian (284–305) und Konstantin d. Gr. (306/324–332) die Reichsgrenze gegen die Germanen vorerst stabilisieren.
um 375	Das Reich des Ostgotenherrschers Ermanarich in Südrußland wird von den Hunnen zerschlagen, deren Westbewegung die als **Völkerwanderung** bezeichnete Epoche einleitet.

Das Frankenreich (482–911)

Die Kirche und die seit Karl Martell (714–741) neu entstandene **fränkische Reichsaristokratie** sind die beiden Säulen, auf denen Verwaltung und Organisation des fränkischen Großreichs im wesentlichen beruhen. Die alten merowingischen **Rand-Dukate** Sachsen, Alamannien und Bayern werden erst unter Karl d. Gr. endgültig dem Frankenreich einverleibt und der Verwaltung durch fränkische Amtsträger aus den Reihen der Reichsaristokratie unterworfen. Doch steht außer Zweifel, daß alteingesessene Adelsfamilien dabei berücksichtigt und in die Reihen der Reichsaristokratie aufgenommen werden. In der Folge kommt es zur verwandtschaftlichen Verschmelzung.

Die Merowingerzeit (482–714)

Dem Merowingerreich werden im 6. Jh. das Burgunderreich, das Thüringerreich, die Alamannen und Bajuwaren eingegliedert.

482–511 König **Chlodwig** (Chlodowech = Ludwig, französisch: Clovis), Sohn des Königs der salischen Franken Childerich († 482), beseitigt die übrigen fränkischen Teilherrscher.

um oder vor 500 Sieg über die **Alamannen**. Das nördliche Alamannenland wird fränkisch besiedelt, das übrige (außer dem ostgotischen Teil) fränkisch beherrscht.
Chlodwig tritt nach der Schlacht zum (römisch-katholischen) Christentum über, was die Integration von Galloрömern und Franken wesentlich erleichtert.

511 Erstes fränkisches **Nationalkonzil** unter Chlodwig in Orléans; Beginn einer einheitlichen kirchlichen Gesetzgebung des Frankenreiches.
Chlodwig in seiner Residenz Paris gestorben. Seine vier Söhne Theuderich, Chlodomer, Childebert und Chlothar teilen das Reich als gleichberechtigte Herrscher.

531 Schlacht in der Nähe der Unstrut: Theuderich und Chlo-

thar unterwerfen das Reich der **Thüringer** unter König Erminfried, der (534) ermordet wird.
Der Nordteil des Thüringerreichs bis zur Unstrut mit dem Harz kommt an die Sachsen. Die slawische Besiedlung kann sich jetzt bis zur Saale vorschieben. Das Maingebiet wird fränkisch besiedelt (Ost- oder Mainfranken).

ab 534 Theuderichs Sohn, König Theudebert, regiert bis 547/548. Er läßt unter seinem eigenen Namen Goldmünzen prägen (bisher Vorrecht des Kaisers).

558–561 Vereinigtes Frankenreich unter König **Chlothar I.**
Nach Chlothars Tod wird das Reich unter vier, dann drei Söhne geteilt.

vor 590 Bischof Gregor von Tours schreibt seine Frankengeschichte, die wertvollste historische Quelle des 6. Jh.s.

614 Das Edictum Chlotharii, in Paris als Kompromiß zwischen Königtum und Adel abgeschlossen, läßt die drei Teilreiche (Neustrien, Austrien, Burgund) unter der Verwaltung von Hausmeiern fortbestehen und festigt den Einfluß der Aristokratie.

629–639 König **Dagobert I.**, letzter tatkräftig regierender Merowinger, reorganisiert erfolgreich die fränkische Herrschaft östlich des Rheins.

631/32 Niederlage Dagoberts gegen den Franken Samo, der ein westslawisches Reich an der fränkischen Ostgrenze beherrscht.

633 Auch unter Dagoberts Nachkommen erfolgen Teilungen zwischen Neustrien-Burgund und Austrien unter zunehmendem Einfluß der **Hausmeier**.

687 **Pippin II.** („der Mittlere"), Enkel Pippins I. („des Älteren"), besiegt bei Tertry den Hausmeier von Neustrien-Burgund, regiert fortan als Majordomus (Hausmeier) von seinen Stammlanden an Maas und Mosel aus das ganze Reich.

Die Karolingerzeit (714–843)

714–741 Hausmeier **Karl Martell** (Hammer), Sohn Pippins II.
732 Zwischen **Tours und Poitiers** Sieg Karls über Abd ar-Rachman, den Statthalter des Kalifen in Spanien.
751/52–768 König **Pippin I.**
751/52 Nach erfolgreichen Verhandlungen mit Papst Zacharias wird Pippin der Jüngere in Soissons von einer Reichsversammlung zum König erhoben und vom Legaten Bonifatius gesalbt; die geistliche Salbung soll das fehlende Geblütsrecht ersetzen.
754 Papst Stephan II., der Unterstützung gegen den Langobardenkönig Aistulf erbittet, erhält von Pippin ein Schutzversprechen, salbt ihn in Saint-Denis neuerlich, überträgt ihm und seinen Söhnen die Würde eines „patricius Romanorum". In der **Pippinischen Schenkung** gibt der König dem Papst territoriale Zusagen in Italien.
757 Herzog Tassilo III. von Bayern huldigt als Vasall, verläßt
763 aber auf dem Feldzug gegen Aquitanien das Heer Pippins und regiert in relativer Unabhängigkeit (bis 781).
768–814 **Karl I., d. Gr.** (* 742?), Sohn König Pippins.
772 Beginn der **Sachsenkriege**: Zug gegen die Engern, Eroberung der Eresburg (Aeresburgum) an der Diemel.
778 In Sachsen Aufstand des Westfalen Widukind; durch neue
779/780 Feldzüge niedergeworfen.
781 Karl bestätigt in Rom Papst Hadrian I. das Exarchat und die Pentapolis; der fränkische Schutz wird immer mehr zur Herrschaft. – In Worms erneute Anerkennung des Vasallitätsverhältnisses zum Frankenreich durch Herzog Tassilo von Bayern.
782 Einführung der Grafschaftsverfassung in Sachsen, Karl ernennt sächsische Adlige zu Grafen. Aufstand unter Widukind gegen die Frankenherrschaft, Vernichtung eines fränkischen Heeres am Süntel. Widukind flieht zu den Dänen; fränkisches Strafgericht von Verden an der Aller.
785 Widukind wird getauft.

788 Herzog Tassilo von Bayern, der noch 787 seine Vasallität bekräftigt, bald darauf aber erneut verletzt hat, wird auf einer Reichsversammlung in Ingelheim abgesetzt und mit seiner Familie ins Kloster verbannt: Ende des letzten Stammesherzogtums.

790 Die auf Karls Veranlassung wohl von Theodulf von Orléans verfaßten **Libri Carolini** lehnen die (von Papst Hadrian I. gebilligten) Beschlüsse des 2. Konzils von Nikaia (787) zugunsten der Bilderverehrung ab und erheben den Führungsanspruch des Frankenreichs in der Gesamtkirche.

794 Die **Frankfurter Synode** unter Karls Vorsitz verurteilt die Beschlüsse des Konzils von Nikaia (787).

797 **Capitulare Saxonicum**, unter sächsischer Mitwirkung erlassen, soll der Befriedung des eroberten Sachsen dienen.

799 Der von einer Gegenpartei vertriebene Papst Leo III. flieht zu Karl nach Paderborn. Karl zieht nach Rom.

800 25. Dez. **Kaiserkrönung Karls d. Gr.** in der Peterskirche durch Papst Leo III. (gleichzeitig Königskrönung von Karls gleichnamigem Sohn). Byzanz betrachtet die Erhebung zum Kaiser als Usurpation. Karl erhält als Rechtsnachfolger des byzantinischen Kaisers auch förmlich die Hoheit über den Kirchenstaat. Die Krönung Karls ist nicht mit einer Salbung verbunden, entbehrt also des sakramentalen Charakters. Die bereits kaisergleiche Stellung Karls wird durch den Kaisertitel förmlich anerkannt. Kaisersiegel Karls mit der Umschrift „Renovatio Romani Imperii".

812 Der byzantinische Kaiser Michael I. erkennt im **Vertrag von Aachen** die Kaiserwürde Karls an.

KAROLINGER – ostfränkische Herrscher

Karl Martell	Hausmeier 714	† 741
Pippin III., d. J.	Hausmeier 741–751, Kg. 751/752	† 768
Karl der Große	Kg. 768, Ks. 800	† 814
Ludwig I., der Fromme	Kg. v. Aquitanien 781, Ks. 813/814	† 840
Ludwig (II.), der Deutsche	Kg. 817, Kg. d. Ostfrankenreichs 843	† 876
Karl III., der Dicke	Kg. 876–887, Ks. 881–887	† 888
Arnulf v. Kärnten	Kg. 887, Ks. 896	† 899
Ludwig IV., das Kind	Kg. 900	† 911

813 Karl krönt in Aachen seinen Sohn Ludwig zum Mitkaiser und designiert ihn so zum Nachfolger im ungeteilten König- und Kaisertum.

814 Tod Karls d. Gr. in Aachen (begraben in dem von ihm erbauten Münster).

814–840 Kaiser **Ludwig der Fromme**

817 Ordinatio imperii: **Ludwigs ältester Sohn Lothar** († 855) **Mitkaiser** und präsumtiver Nachfolger, von Ludwig gekrönt. Ludwigs jüngere Söhne Pippin und Ludwig der Deutsche werden Unterkönige über Aquitanien bzw. Bayern.

824 Constitutio Romana (Regelung der kaiserlichen Rechte im Kirchenstaat): Gerichtsaufsicht durch ständigen kaiserlichen Missus, Treueid des neugewählten Papstes vor der Weihe.

829 Ludwig gesteht seinem Sohn Karl („dem Kahlen“) einen neu gebildeten Dukat aus Alamannien, Rätien, Elsaß zu.

830 Mit einer **Empörung der drei älteren Söhne**, Lothar, Pippin und Ludwig, die formell die Wiederherstellung der Ordinatio von 817 zum Ziele hat, beginnt ein langan-

dauernder, wechselvoller Machtkampf, der die Gesamtreichsidee nachhaltig schwächt.

831 Errichtung des Erzbistums Hamburg (für die Missionierung Nordeuropas), erster Erzbischof Ansgar (ab 832, † 865); 864 Verlegung nach Bremen.
Erbteilung unter Lothar, Pippin, Ludwig und Karl.

833 Die zweite Empörung der älteren Söhne, als der Vater die Erbteilung von 831 beiseite schiebt, endet auf dem „Lügenfeld" bei Colmar, wo Papst Gregor IV. und andere geistliche Verfechter der Reichseinheit Lothar unterstützen, das Heer Ludwigs des Frommen zu seinen Söhnen übergeht, der alte Kaiser gefangen wird und als **abgesetzt** gilt.

840 Tod **Kaiser Ludwigs des Frommen bei Ingelheim.** Krieg Ludwigs des Deutschen und Karls des Kahlen gegen Lothar, der aufgrund der Ordinatio von 817 die volle Kaisergewalt beansprucht.

842 **Straßburger Eide**: Feierliche Bekräftigung des Bündnisses von Ludwig und Karl vor ihren Heeren zu Straßburg (wichtige Sprachdenkmäler des Altfranzösischen und Althochdeutschen).

843 **Vertrag von Verdun**: Teilung des Reichs unter die drei Brüder Kaiser Lothar I., Ludwig den Deutschen und Karl den Kahlen.

Grundstrukturen des Karolingerreichs, Königtum und Regierung: Als sich die Karolinger anschicken, dem Königtum seinen früheren Platz zurückzuerobern, stehen sie in den rechtsrheinischen Gebieten, wo die römischen Einrichtungen fehlen und der Adel das Heft in der Hand hält, vor einer fast unlösbaren Aufgabe. Durch ihre riesigen Haus- und Krongüter, großenteils Besitz der ausgeschalteten alamannischen und bayrischen Herzogsfamilien, und durch planmäßige Staatskolonisation (z. B. im heutigen Franken) gelingt es den Karolingern, gegen die Adelsherrschaften, in denen der König keine Gewalt hat, ein Gegengewicht zu schaffen. Diese Adelsherrschaften sind von königlicher Gewalt freie „immunitates" (Immunitäten, vergleichbar denen der Kirchengüter). Die königlichen Beamten sind aus diesen Gebieten ausgeschlossen, in denen den Herren die Gerichtsbarkeit zusteht. Mit dem Instrument der seit König Pippin (751/52–768) und Karl d. Gr. (768–814) entstandenen **„Hofkapelle“** schaffen sich die Karolinger ein, wenn auch rudimentäres, Zentralverwaltungsorgan, mit dem sowohl die Reichskirche beherrscht wie auch die Grafschaftsverwaltung und die Institution der „missi dominici“ (Königsboten, bevollmächtigte Abgesandte zur unmittelbaren Wahrung königlicher Gewalt) gelenkt werden.

Deutschland im Mittelalter (843–1493)

Das Ostfrankenreich (843–911/919)

Im Osten bleibt die karolingische, reichskirchliche Struktur im wesentlichen erhalten. Der König behält vor allem das **Recht der Bischofserhebung** und nutzt das Kirchengut. Ludwig der Deutsche (843–876), der im Vertrag von Verdun (843) das (Teil-)Reich der „Ostfranken“ erhält, bringt sein Königtum durch Gericht, Hofkapelle, Urkundenwesen und Kirchenregiment energisch zur Geltung, wobei die sich auch hier verstärkende Adelsherrschaft noch in die Königsherrschaft eingebunden bleibt.
Die **Westgrenze** verläuft entlang der Schelde-Maas-Saône-Linie; im Osten bilden Elbe, Saale, Böhmerwald und Kärnten die Grenze, während im Norden die Küste und im Süden der Alpenhauptkamm den Herrschaftsbereich der „Francia orientalis“ umschließen. Ursprünglich nur Teil einer karolingischen Gesamtherrschaft, entwickelt sich bereits unter Ludwig dem Deutschen ein eigenes ostfränkisches Zusammengehörigkeitsgefühl, das sich auch sprachlich in der Ausbildung einer althochdeutschen Literatur artikuliert und politisch einen ersten Abschluß in der Wahl König Konrads I. (911) findet.
Die Ostfranken nennen ihre Sprache im Gegensatz zum Latein des gelehrten Klerus die **deutsche Sprache** (lingua theodisca), d. h. volkstümliche (diutisc von diot = Volk). Der erste Beleg für „theodiscus“ (786) bezieht sich noch auf das Angelsächsische. Teutisci als Volksname, im Gegensatz zu den

Langobarden, zuerst 843. Für „theodiscus“ kommt dann, von Fulda ausgehend, unter gelehrtem Einfluß das anklingende „theutonicus“ in Aufnahme (zuerst 876 belegt).

843–876	**König Ludwig II., der Deutsche**. Häufigste Residenz ist Regensburg.
870	Nach dem Tode Lothars II. († 869) wird dessen Gebiet zwischen Karl II., dem Kahlen, und Ludwig dem Deutschen geteilt.
881	**Karl III.**, der Dicke, von Papst Johannes VIII. **zum Kaiser gekrönt**.
887	Reichstag zu Tribur, Karl wird zur Abdankung gezwungen († 888).
887–899	**König Arnulf von Kärnten**, natürlicher Sohn König Karlmanns (876–880), übt eine äußerliche Oberhoheit über die anderen, nicht von Karolingern regierten Reichsteile aus.
896	Arnulf in Rom von Papst Formosus zum Kaiser gekrönt. – Krankheit und Machtzerfall setzen ein.
900–911	**König Ludwig IV., das Kind**, unter Leitung des Erzbischofs Hatto von Mainz und anderer Bischöfe. Zahlreiche innere Fehden.
seit 900	Fast alljährliche **Einfälle der Ungarn**. Verheerungen bis nach Alamannien und Sachsen.
911–918	**Konrad I.** († 918; König 911)
911	Während sich die Lothringer dem Westfrankenkönig Karl dem Einfältigen unterstellen, wählen die übrigen ostfränkischen Stämme nach dem Tod Ludwigs des Kindes den Frankenherzog Konrad zum König.
915	Kämpfe mit den Sachsen führen nach der Niederlage von Konrads Bruder Eberhard zu einem Ausgleich mit den Liudolfingern (sächsisches Geschlecht).
918 23. Dez.	Konrad designiert vor seinem Tod den seit 912 regierenden **Sachsenherzog Heinrich zu seinem Nachfolger**.

Die Ottonen (919–1024)

919–936	**Heinrich I.** (*um 876, †936; König 919)
919 Mai	Während Franken und Sachsen in Fritzlar den Liudolfinger Heinrich zum König erheben, schreiten die Bayern unter Beteiligung der Ostfranken zur **Wahl Herzog Arnulfs** (†937). Heinrichs überlegtes Handeln bannt die Gefahr eines Auseinanderbrechens des werdenden deutschen Reichs.
921	Durch das Zugeständnis selbständiger Rechte kann er den Schwabenherzog Burchard und den Bayernherzog Arnulf an sich binden. Der deutsche König steht künftig als **Lehnsherr** über den Stammesherzögen, die ein fester Bestandteil der Reichsorganisation bleiben.
925	Lothringen wird nach längeren Bemühungen aus dem Westfrankenreich herausgelöst und als fünftes Stammesherzogtum in das deutsche Reich einbezogen.
928/929	Gegenüber den **Slawen** nimmt Heinrich eine offensive Politik auf. Er unterwirft die Heveller (Hauptort Brennabor = Brandenburg), Daleminzier, Redarier, Obodriten und Wilzen.
929	In Böhmen bringt er die Hoheit des Reiches zur Geltung.
Sept.	In der **Quedlinburger Hausordnung** verfügt Heinrich die alleinige Nachfolge seines zweitgeborenen Sohnes Otto und setzt dadurch – in Abweichung von der karolingischen Praxis – die Unteilbarkeit der deutschen Königsherrschaft fest.
933 15. März	Heinrich tritt den erneut einfallenden Ungarn mit einem Heer aus allen deutschen Stämmen entgegen und besiegt sie bei Riade (wohl an der Unstrut).
934	Durch Unterwerfung Knubas, des Beherrschers des wikingischen Handelsplatzes Haithabu (gegenüber dem heutigen Schleswig), schiebt Heinrich im Norden die Reichsgrenze bis zur Schlei vor.
936 2. Juli	Heinrich I., dem nach innen und außen die Sicherung des

SÄCHSISCHES GESCHLECHT (Liudolfinger) – deutsche Herrscher

Heinrich I. Hz. v. Sachsen 912	Kg. 919	† 936
Otto I. der Große	Kg. 936, Ks. 962	† 973
Otto II.	Kg. 961, Ks. 967	† 983
Otto III.	Kg. 983, Ks. 996	† 1002
Heinrich II. Hz. v. Bayern 995	Kg. 1002, Ks. 1014	† 1024

Reichs gelungen ist, stirbt in Memleben an der Unstrut und wird in Quedlinburg beigesetzt.

936–973 **Otto I. der Große** (* 912, † 973; König 936, Kaiser 962).

936 7. Aug. **Otto** wird im **Aachener Münster** nach einer weltlichen Thronerhebung in der Vorhalle in fränkischer Tracht **gesalbt und gekrönt** und auf den Karlsthron der Oberkirche gesetzt.

937 Mit der Gründung des Magdeburger Mauritiusklosters beginnt die **missionarische Erfassung der mittelelbischen Slawenlande.**

940 Otto gewährt seinem Bruder Heinrich nach einer erfolglosen Verschwörung Verzeihung. In den folgenden Jahren versucht er, die Stammesherzogtümer an seine Familie zu binden.

951–952 **Erster Italienzug**, der Anlaß: die eigenmächtige Italienpolitik der Herzöge von Bayern und Schwaben.

954 Otto geht dazu über, königliche Befugnisse in steigendem Maße durch den Reichsepiskopat ausüben zu lassen, der zu einem Gegengewicht gegen die Stammesherzöge wird.

955 10. Aug. Otto stellt die Ungarn, die mit einem starken Heer Augsburg belagern, zum Kampf und erringt über sie auf dem **Lechfeld** (Gunzenlê) einen glänzenden Sieg. Die Ungarn geben ihre Raubzüge auf und werden in der Donau-Theiß-Ebene seßhaft.

961–965	**Zweiter Italienzug.**
961	Vor dem Aufbruch sichert Otto die Nachfolge seines Hauses durch die Königserhebung Ottos II.
962 2. Febr.	**Ottos Krönung** durch Papst Johannes XII. in der Peterskirche **erneuert die römische Kaiserwürde**, nachdem spätestens seit dem Ungarnsieg Züge eines imperialen Königtums erkennbar sind. Der (west-)römische Kaisertitel bleibt fortan dem deutschen König vorbehalten.
13. Febr.	Otto bestätigt dem Papsttum die Schenkungen der früheren Könige und Kaiser und erneuert die fränkischen Kaiserrechte gegenüber Papst und Kirchenstaat (Privilegium Ottonianum).
963	Nach der Flucht Johannes' XII. erweitert Kaiser Otto I. den Anteil des Kaisertums an der Papstwahl, kann die Verhältnisse in Rom und auf dem Stuhle Petri aber jeweils nur für kurze Zeit sichern.
966–972	**Dritter Italienzug**. Otto legt die Wirren in Rom bei. Seine Autorität erlaubt nun die Verwirklichung langjähriger Pläne für die kirchliche Organisation der Slawenlande.
967	Auf einer Synode in Ravenna stimmt Papst Johannes XIII. der Gründung des Erzbistums Magdeburg zu, welches nach Einwilligung von Erzbischof Hatto II. von Mainz errichtet wird.
968	Die Ausbreitung seiner Macht nach Süditalien (seit 967) bringt Otto in Konflikte mit Byzanz, das seine territorialen und rechtlichen Ansprüche zu behaupten versucht. Das „**Zweikaiserproblem**", verschärft durch die Krönung
967 Weihnachten	Ottos II. zum Mitkaiser, wird auf diplomatischem Wege gelöst: Otto verzichtet auf Apulien, behält dagegen Capua
972	und Benevent. Otto II. wird mit Theophano, der Nichte des Kaisers Johannes Tzimiskes, vermählt.
973 Ostern	Ein glänzender Hoftag in Quedlinburg sieht Otto auf dem
7. Mai	Höhepunkt politischer Geltung. Wenige Wochen später stirbt er und wird im Magdeburger Dom beigesetzt. Sein Beiname „der Große" (lateinisch „magnus") bedeutet ursprünglich nur: der Ältere.

973–983 **Otto II.** (*955, †983; König 961, Mitkaiser 967)
Die Neubesetzung des Herzogtums Schwaben mit seinem Neffen Otto führt zur Erhebung seines Vetters, des Bayernherzogs Heinrich II. (des Zänkers), der nach Haft und
976 Flucht sein Herzogtum verliert. Der **Südostraum wird neu gegliedert:** Die bayrische Ostmark (996 bzw. 998 erstmals: Ostarrîhi) wird dem Stammvater der jüngeren Babenberger, Luitpold, übertragen, Kärnten zu einem eigenen Herzogtum erhoben, das verkleinerte Bayern Otto von Schwaben unterstellt. Deutsche Besiedlung und Mission setzen ein.

978 Nach neuen Kämpfen mit Heinrich dem Zänker verleiht Otto Kärnten an den Salier Otto, einen Sohn Konrads des Roten und der Kaisertochter Luitgard.

980–983 **Italienzug**. Otto regelt die römischen Verhältnisse und beginnt mit der Eroberung Süditaliens, das er entsprechend seinem Selbstverständnis als Romanorum imperator (Kaiser der Römer) als Teil des Reiches beansprucht.

982 13. Juli Bei Kap Colonne südlich Cotrone (Kalabrien) erleidet er eine vernichtende **Niederlage durch die Sarazenen**.

983 Eine Reichsversammlung in Verona wählt seinen zweijährigen gleichnamigen Sohn zum König.
Eine umfassende **Erhebung der Dänen und Slawen** vernichtet weitgehend das politische und kirchliche Aufbauwerk Ottos des Großen.

7. Dez. Otto II. stirbt in Rom und wird in der Vorhalle von St. Peter bestattet.

983–1002 **Otto III.** (*980, †1002; König 983, Kaiser 996)

983/984 Heinrich der Zänker versucht die Vormundschaft über den an Weihnachten 983 in Aachen gekrönten Kaisersohn an sich zu reißen, wird jedoch, als er selbst die Königsherrschaft anstrebt, unter Führung des sächsischen Adels und Erzbischof (seit 975) Willigis' von Mainz (†1011) zur Auslieferung Ottos an seine Mutter Theophano genötigt. Unter deren Regentschaft festigt sich die Stellung des Reichs.

994 Als Vierzehnjähriger übernimmt Otto selbständig die Herrschaft.

996 **Erster Italienzug**. Otto setzt seinen Vetter Brun von Kärnten als ersten Deutschen auf den Stuhl Petri (Gregor V.) und empfängt von ihm die **Kaiserkrone**.
Otto versucht in den folgenden Jahren das Ideal einer Renovatio imperii Romanorum (= Erneuerung des römischen Reiches) zu verwirklichen.

997–1000 **Zweiter Italienzug**.

998 Otto beseitigt in Rom die Herrschaft der Creszentier und macht – im Widerspruch zur Konstantinischen Schenkung, die er als Fälschung bezeichnet – Rom zum Reichszentrum.

1001 Durch einen Aufstand wird Otto aus Rom vertrieben.

1002 23./24. Jan. Bevor er Rom zurückerobern kann, stirbt Kaiser Otto III. einundzwanzigjährig. Er wird im Aachener Münster beigesetzt.

1002–1024 **Heinrich II.** (*973, † 1024; König 1002, Kaiser 1014)
Heinrich sieht den Schwerpunkt seines Wirkens in Deutschland (Devise: **Renovatio regni Francorum** = Erneuerung des fränkischen Reiches). Er behauptet die Verfügung über die Herzogtümer, doch bilden die Bischöfe die eigentliche Stütze seiner Regierung.

1004 **Erster Italienzug**. Heinrich wird in Pavia zum König der Lombarden gekrönt.

1006 Der kinderlose Burgunderkönig Rudolf III. (993–1032) setzt seinen Neffen und Lehnsherrn Heinrich offiziell zum Reichserben ein.

1013–1014 **Zweiter Italienzug**.

1014 14. Febr. Heinrich erlangt in Rom die Kaiserkrone, kann aber die Verhältnisse im Kirchenstaat nicht stabilisieren.

1021–1022 **Dritter Italienzug**. Heinrich erneuert die Kaiserhoheit über die unteritalienischen Langobardenfürsten, ohne die politischen Verhältnisse wirksam verändern zu können.

1024 13. Juli Heinrich stirbt in der Pfalz Grona (bei Göttingen) und wird in seiner Lieblingsstiftung, dem Bamberger Dom, beigesetzt (1146 **Heiligsprechung** durch Papst Eugen III.).

Die Salier (1024–1125)

1024–1039	**Konrad II.** (*um 990, †1039; König 1024, Kaiser 1027), Ururenkel Ottos I.
1026–1027	**Erster Italienzug**, veranlaßt durch Versuche der oberitalienischen Großen, erst König Robert II. von Frankreich, dann Wilhelm V. von Aquitanien zum König zu erheben.
1026	Konrad wird von Erzbischof Aribert von Mailand zum König gekrönt und unterwirft die Lombardei.
1027 26. März	In Rom empfängt er von Papst Johannes XIX. die **Kaiserkrone.**
	Konrads Sohn Heinrich (III.), 1026 bereits zum Nachfolger designiert,
1028	erhält das Herzogtum Bayern (1027) und wird in Aachen zum König gekrönt (Anfänge des Krönungsrechts der Kölner Erzbischöfe).
1030	Konrads Stiefsohn, Herzog Ernst II. von Schwaben, findet nach mehrfachen Empörungen und Kämpfen gegen den Kaiser den Tod.
1033 2. Febr.	Nach dem Tod König Rudolfs III. (1032) empfängt **Konrad** die Insignien des burgundischen Reiches und wird **zum burgundischen König erhoben**. Das Kaisertum ruht jetzt auf der dreifachen Königswürde des deutschen Reichs, Italiens und Burgunds.
1037–1038	**Zweiter Italienzug**. Konrad gewinnt die Anhängerschaft der italienischen Großen und durch Zusicherung der Erblichkeit ihrer Lehen auch die des niederen Adels (Valvassoren).
1038	Seinem Sohn Heinrich (III.) verleiht Konrad auch das Herzogtum Schwaben und läßt ihn zum König von Burgund erheben.
1039 4. Juni	Konrad stirbt in Utrecht und findet seine Ruhestätte in dem von ihm begonnenen Dom zu Speyer.

SALISCHES GESCHLECHT (Franken) – deutsche Herrscher

Konrad II.	Kg. 1024, Ks. 1027	† 1039
Heinrich III.	Kg. 1028, Ks. 1046	† 1056
Heinrich IV.	Kg. 1053, Ks. 1084	† 1106
Heinrich V.	Kg. 1098, Ks. 1111	† 1125

1039–1056 **Heinrich III**. (* 1017, † 1056; König 1028, Kaiser 1046)

1046–1047 **Erster Italienzug**.

1046 Heinrich schlichtet die Papstwirren, indem er durch Synoden in Sutri und Rom die rivalisierenden Päpste Benedikt IX., Silvester III. und Gregor VI. absetzen und Bischof Suidger von Bamberg als Clemens II. erheben läßt. Dieser nimmt am 1. Weihnachtstag an Heinrich und seiner Gemahlin Agnes von Poitou die **Kaiserkrönung** vor.

Mit der Würde eines „patricius Romanorum" übertragen die Römer Heinrich entscheidende Rechte bei der Papstwahl. Auch in der Folgezeit werden von diesem nur deutsche Bischöfe zu Päpsten erhoben. Die Maßnahmen Heinrichs III. befreien das Papsttum aus der Bindung an die römischen Adelsfamilien.

1053 Heinrichs Sohn (Heinrich IV.) wird in Tribur zum König gewählt.

1055 **Zweiter Italienzug**. Gemeinsam mit Papst Viktor II. hält der Kaiser in Florenz eine Reformsynode ab.

5. Okt. Heinrich stirbt 39jährig auf der Pfalz Bodfeld im Harz.

1056–1106 **Heinrich IV**. (* 1050, † 1106; König 1053, Kaiser 1084)

1056–1065 Die lange Vormundschaftsregierung für den jungen König wird zu einer Periode des Umbruchs, in der sich das Papsttum aus den Bindungen an die Kaisermacht befreit und die Reichsfürsten ihre Rechte gegenüber dem Königtum erweitern.

1057 **Kaiserin Agnes** (Regentin von 1056–1062) überträgt Schwaben und die Verwaltung Burgunds Rudolf von

Rheinfelden, gibt Bayern an Graf Otto von Northeim, Kärnten an Berthold von Zähringen, ohne aber die politische Gefolgschaft der Fürsten gewinnen zu können.

1065 Heinrich übernimmt persönlich die Regierung, muß aber auf Druck der Fürsten seinen Berater Adalbert von Bremen vom Hof entfernen.

1070 Heinrichs Versuche, im Harzbereich die territorialen Grundlagen des Königtums zu erneuern (Rückgewinnung des Königsgutes, Burgenbau, Einsatz stammesfremder Mi-
1073 nisterialen), führen zur **Erhebung der Sachsen**.

1074 Der Friede von Gerstungen zwingt Heinrich zu weitgehender Anerkennung der Forderungen der Sachsen, die dann jedoch bei Homburg an der Unstrut (1075) besiegt werden.

1075 Auf der römischen Fastensynode suspendiert **Papst Gregor VII.** einzelne nicht erschienene deutsche Bischöfe und lädt die fünf Räte Heinrichs IV., die bereits 1073 wegen der Maßnahmen des Königs bei der **Besetzung des Erzbistums Mailand** exkommuniziert worden waren, zur Verantwortung vor. Als Heinrich entgegen seinen Zusicherungen den Mailänder Erzstuhl erneut besetzt, sendet ihm Gregor ein ernstes Protest- und Mahnschreiben.

1076 Die Mehrheit der deutschen Bischöfe kündigt in Worms dem Papst den Gehorsam auf. Heinrich fordert Gregor zur Abdankung auf. Auch die lombardischen Bischöfe sagen sich von ihm los. Gregor verbietet Heinrich auf der römischen Fastensynode die fernere Ausübung der Regierung, bannt ihn und entbindet seine Untertanen von den ihm geleisteten Eiden. Die Fürstenopposition zwingt Heinrich zur Entlassung der gebannten Räte und zum Versprechen des Gehorsams und der Genugtuung gegenüber dem Papst; Heinrich soll die Königswürde verlieren, wenn er länger als ein Jahr im Bann bleibe; Gregor soll an einer Reichsversammlung in Deutschland teilnehmen.

Heinrich kommt der drohenden Vereinigung von Fürstenopposition und Papsttum zuvor, indem er nach Oberitalien

1077 zieht und dem nach Deutschland reisenden Papst durch dreitägige Bußleistungen vor der Burg **Canossa** (am Nordabhang des Apennin) die Absolution abringt (28. Jan.). Er verspricht die Annahme des päpstlichen Schiedsspruchs im Streit mit den Fürsten und Sicherheit für seine Reise nach Deutschland. Canossa bedeutet einen momentanen politischen Erfolg Heinrichs IV., verletzt jedoch für dauernd die sakral-theokratische Königsidee. Ungeachtet der Vereinbarungen von Canossa erklärt die Fürstenopposition in Forchheim (15. März) Heinrich für abgesetzt und wählt den Schwabenherzog Rudolf von Rheinfelden zum König. Rudolf verzichtet auf das Erbrecht und gestattet die kanonische Bischofswahl.

Der Investiturstreit: Der schon dem Mittelalter geläufige Begriff dient als zusammenfassende Bezeichnung für die geistigen und machtpolitischen Auseinandersetzungen, die im letzten Viertel des 11. und dem ersten des 12. Jahrhunderts zwischen Papsttum (sacerdotium) und Königtum (regnum) um die Abgrenzung der beiderseitigen Einflußsphären in der Kirche geführt werden. Der **gregorianischen Reform** geht es allgemein um Befreiung der Kirche aus der Fremdbestimmung durch Laiengewalt (libertas ecclesiae), und um Zurückdrängung des germanischen Eigenkirchenrechts zugunsten einer neuen, durch den priesterlich-sakramentalen Vorrang bestimmten Weltordnung. Dabei wird die Investitur der Bischöfe und Äbte durch das Königtum, von den Reformern als unvereinbar mit dem Prinzip freier, kanonischer Wahl und dem Verbot der Simonie (die Gewährung geistlicher Ämter gegen Geldzahlung und jeglicher Empfang von Kirchen aus Laienhand) betrachtet.

1080 Als Gregor VII. Heinrich erneut bannt, tritt die Mehrheit der deutschen und lombardischen Bischöfe auf Heinrichs Seite. Eine Synode in Brixen setzt Gregor ab und erhebt Erzbischof Wibert von Ravenna (Clemens III.) als Gegenpapst.

1081–1084 **Erster Italienzug**.

1081 Heinrich bricht im Frühjahr nach Italien auf, während die

	Opposition einen neuen Gegenkönig wählt: Graf Hermann von Salm. Gregor wird in Rom eingeschlossen.
1084	Erst nach drei Jahren treten die Römer auf die Seite des Kaisers und seines Papstes. **Heinrich** wird von Clemens III. **zum Kaiser gekrönt**.
1087	Heinrich erreicht die Königskrönung seines ältesten Sohnes Konrad.
1088	Der glücklose Gegenkönig Hermann wird bei einer Privatfehde tödlich verwundet.
1090–1097	**Zweiter Italienzug**, veranlaßt durch die Ehe Welfs V. mit Mathilde von Tuszien (1089), die zum Zusammenschluß der süddeutschen und oberitalienischen Königsgegner führt.
1093	Erst nach Auflösung der welfisch-tuszischen Ehe (1095) und Wiederversöhnung mit den Welfen (1096) kann Heinrich nach Deutschland zurückkehren (1097).

Der Kreuzzugsgedanke: Die seit 1095 von den Päpsten propagierten Kreuzzüge werden von Herrschern, Adel und Volk unternommen, um nach dem Willen Gottes (Deus lo volt) Jerusalem und das Heilige Land zurückzuerobern und die morgenländischen Christen vom Joch der Heiden zu befreien. Die durch ein Kreuz gekennzeichneten Kreuzfahrer verpflichten sich durch ihr Gelübde zum Kampf für das Erbe (haereditas) Christi und erlangen dadurch für sich und ihre in der Heimat verbliebenen Angehörigen Rechte und Privilegien. Sie erwarten als Lohn für die Kreuzfahrt, neben anderen Gnaden, die Vergebung ihrer Sünden (remissio peccatorum). Der Kreuzzugsgedanke erfährt im 12. und 13. Jh. eine so starke Ausweitung, daß auch andere von der Kirche sanktionierte Unternehmungen gegen (angebliche) Ungläubige und Kirchenfeinde nicht nur als Kreuzzüge bezeichnet, sondern wie diese organisiert, finanziert und durch geistliche Privilegien für die Teilnehmer erleichtert werden.

1096–1099	**Erster Kreuzzug**:
1095 27. Nov.	**Papst Urban II.** (1088–1099) ruft auf dem Konzil von Clermont die abendländische Ritterschaft zur Befreiung der morgenländischen Christen auf, nachdem ihn der by-

zantinische Kaiser Alexios I. Komnenos (1081–1118) auf dem Konzil von Piacenza (1094) um Hilfe gegen die Seldschuken gebeten hat.
Der durch Kreuzzugsbriefe und Predigten verbreitete Aufruf des Papstes löst eine Massenbewegung zur Befreiung Jerusalems aus. Den Kern des Aufgebots bilden die Ritterheere der Fürsten, die auf verschiedenen Routen nach Konstantinopel ziehen.

1096 Schon vor dem von Urban II. festgesetzten Aufbruchstermin (15. August 1096) hatten sich auf Betreiben und unter Führung von Klerikern und Laien wie Peter von Amiens(† 1115) zahlreiche Nichtkämpfer, Männer, Frauen und Kinder, von Nordwesteuropa aus auf dem Landweg ins Heilige Land begeben. Die durch eschatologische Vorstellungen aufgewühlten und von der Hoffnung auf Besserung ihrer Lage erfüllten Massen lassen sich am Nieder- und Mittelrhein sowie in Süddeutschland zu den heftigsten bis dahin bekannten **Judenpogromen** hinreißen, die trotz Widerspruchs der Bischöfe zur fast gänzlichen Vernichtung der Judengemeinden von Speyer, Mainz, Worms führen.

1099 Jan. Das Kreuzfahrerheer der Fürsten unter Führung des Grafen Raimund von Toulouse erreicht am 7. Juni **Jerusalem**, das von flämischen und lothringischen Rittern im Handstreich genommen wird.
15. Juli

1104 Der deutsche König **Heinrich V.**, der anstelle des abgesetzten Konrad bereits 1098 zum Nachfolger Heinrichs IV. gewählt worden war (gekrönt 1099), **erhebt sich gegen seinen Vater**, in dessen fürsten- und papstfeindlicher Politik er eine Gefahr für das Reich erblickt.

1105 Er nimmt den Kaiser gefangen und zwingt ihn in Ingelheim zum Thronverzicht.

1106 7. Aug. Heinrich IV. entkommt und beginnt vom Niederrhein aus den Kampf um sein Reich, stirbt aber und kann erst nach Lösung des Banns 1111 in Speyer kirchlich bestattet werden.

1106–1125 **Heinrich V.** (*wohl 1086, † 1125; König 1098, Kaiser 1111) hält wie sein Vater am königlichen **Investiturrecht** fest und lenkt auch innenpolitisch bald in dessen Bahnen ein.

1110–1111 **Erster Italienzug**. Heinrich findet in Oberitalien allgemein Anerkennung.

1122 23. Sept. **Wormser Konkordat**: Heinrich V. verzichtet zugunsten des Papsttums auf das Investiturrecht. Der Papst gesteht ihm die Wahl der Bischöfe und Äbte des deutschen Reichs zu. Der Gewählte empfängt vom König die Regalien durch das Zepter, und zwar in Deutschland vor, in den übrigen Teilen des Reichs nach der Weihe. Das Verhältnis von Königtum und Reichskirche wird künftig lehnsrechtlich interpretiert. Die Stellung der Bischöfe gleicht sich der der Fürsten an.

1125 23. Mai Heinrich V. stirbt 44jährig als letzter Salier (beigesetzt im Dom zu Speyer). Das salische Hausgut fällt an seine staufischen Neffen, Herzog Friedrich II. von Schwaben und dessen Bruder Konrad.

1125–1137 **Lothar III.** (* 1075, † 1137; König 1125, Kaiser 1133)

1125 Ende Aug. Erzbischof Adalbert von Mainz lenkt die Wahl der Fürsten unter Übergehung Friedrichs von Schwaben auf den Sachsenherzog Lothar.

1130 Im **Papstschisma** zwischen Innozenz II. und Anaklet II. entscheiden sich Lothar und der deutsche Episkopat auf einer Synode in Würzburg zu Innozenz' Gunsten.

1131 Lothar sucht den Papst in Lüttich auf und verspricht ihm die Rückführung nach Rom.

1132–1133 **Erster Italienzug**.

1133 4. Juni **Lothar** findet in Oberitalien nur teilweise Anerkennung und vermag in Rom die Peterskirche nicht den Anhängern Anaklets zu entreißen. Er wird daher in der Lateransbasilika **zum Kaiser gekrönt**.

1136–1137 **Zweiter Italienzug**. Lothar zieht mit beträchtlicher Streitmacht nach Italien und erläßt in Roncaglia ein Gesetz gegen die Veräußerung von Lehen.

1137 4. Dez. Lothar stirbt auf dem Heimweg nach Überschreitung der Alpen in Tirol.

Die Staufer (1138–1254)

1138–1152 **Konrad III.** (* 1093, † 1152; König 1138)

1138 Erzbischof Albero von Trier läßt in Koblenz von einer kleinen Fürstengruppe den Staufer Konrad zum Nachfolger Lothars wählen. Heinrich der Stolze als Nächsterbberechtigter und mächtigster Fürst des Reichs wird übergangen. Konrad III. knüpft in Kanzleiwesen und Herrschaftsauffassung an salische Traditionen an, ist jedoch durch fortdauernden **Konflikt mit den Welfen** beengt. Heinrich der Stolze liefert die Reichsinsignien aus, verweigert aber die Huldigung. Ein Hoftag in Würzburg ächtet ihn.

1142 Konrad erkennt Heinrich des Stolzen Sohn, Heinrich den Löwen, als Herzog von Sachsen an. Bayern kommt an den Babenberger Heinrich II.

1145 **Papst Eugen III.** (1145–1153) ruft nach dem Fall Edessas zum Kreuzzug auf.

1146 Ende Dez. Konrad entschließt sich in Speyer unter dem Eindruck der Predigt Bernhards von Clairvaux zur Kreuznahme.

1147 Als Voraussetzung für eine längere Abwesenheit des Königs wird ein allgemeiner Reichsfriede verkündet, der zehnjährige Sohn Heinrich (VI.) zum König gewählt († 1150), die welfische Frage vertagt. Während Konrad in den Orient aufbricht, erfüllen die sächsischen Großen ihr Kreuzgelübde durch den sogenannten Wendenkreuzzug gegen die Slawenstämme an der südlichen Ostseeküste.

1147–1149 **Zweiter Kreuzzug**: Der deutsche König Konrad III. (1138–1152) und König Ludwig VII. von Frankreich

1147 (1137–1180) ziehen auf getrennten Wegen über Konstantinopel nach Palästina. Der Hauptteil des deutschen Hee-

Ende Okt. res wird vom Sultan von Ikonion geschlagen, die Reste ziehen sich nach Nikaia zurück und schließen sich dem an der Küste entlangziehenden französischen Heer an. Konrad kehrt nach Konstantinopel um.

1148 Konrad gelangt im Sept. 1148, Ludwig im April 1149 in die Heimat zurück. Ihr **Mißerfolg** erschüttert den besonders von Bernhard von Clairvaux gepredigten Glauben an die Gottgefälligkeit des Kreuzzuges und die durch ihn gebotene Gelegenheit zur Buße.

1152 Konrad stirbt in Bamberg.

15. Febr. **1152–1190** **Friedrich I. (Barbarossa)** (* 1122?, † 1190; König 1152, Kaiser 1155)

1152 Nach vorherigen politischen Absprachen erreicht Konrads Neffe Friedrich III. von Schwaben, ein Vetter Heinrichs des Löwen, seine einhellige Wahl zum König. Friedrich erstrebt eine umfassende Erneuerung der Königsgewalt auf der Grundlage des Ausgleichs mit den Fürsten.

STAUFER – deutsche Herrscher

Konrad III.	Kg. 1127–35, 1138	† 1152
Friedrich I. (Barbarossa)	Kg. 1152,	† 1190
Hz. v. Schwaben 1147	Ks. 1155	
Heinrich VI.	Kg 1169,	† 1197
	Ks. 1191	
Philipp	Kg. 1198 (Doppelwahl)	† 1208
Hz. v. Schwaben 1196		
Friedrich II.	dt. Kg. 1212,	† 1250
Kg. v. Sizilien 1198	Ks. 1220	
Heinrich (VII.)	Kg. 1220–1235	† 1242
Konrad IV.	Kg. 1237	† 1254
Alfons X.	dt. Kg. 1257	† 1284
Kg. v. Kastilien		

1153 Verhandlungen mit der römischen Kurie führen zum **Konstanzer Vertrag**. Friedrich verspricht Papst Eugen III. Hilfe gegen Normannen und Römer, dieser die Kaiserkrönung.

1154–1155 **Erster Italienzug**.

1155 18. Juni	**Kaiserkrönung.** Da der Kaiser weder Rom unterwerfen noch die Fürsten zum Weitermarsch nach Süditalien bewegen kann, nähert sich Papst Hadrian IV. nun den Normannen (1156 Vertrag von Benevent).
1156–1167	Rainald von Dassel (1156 Hofkanzler, 1159 Erzbischof von Köln; † 1167) bestimmt Barbarossas Politik der Restauratio imperii (= Wiederherstellung der Reichsgewalt).
1156	Durch Eheschließung mit Beatrix von Burgund gewinnt Friedrich unmittelbare Herrschaftsrechte in Hochburgund und in der Provence. Der Babenberger Heinrich Jasomirgott verzichtet zugunsten Heinrichs des Löwen endgültig auf Bayern und wird mit Österreich belehnt.
1157 Okt.	Ein Brief Hadrians IV. mit der zweideutigen Bezeichnung der Kaiserwürde als päpstliches „beneficium“ (= Wohltat; Lehen) führt auf dem Hoftag zu Besançon zu einem Zusammenstoß mit den päpstlichen Legaten. Der deutsche Episkopat tritt geschlossen hinter den Kaiser.
1158	Der Papst läßt daher durch eine neue Gesandtschaft eine ausgleichende Erklärung überbringen.
1158–1162	**Zweiter Italienzug**. Ziel ist die Errichtung einer unmittelbaren Territorialherrschaft in Oberitalien, die Teilhabe an der wirtschaftlichen Kraft der Lombardenstädte.
1159	Protesten des Papstes gegen die Einbeziehung des Kirchenstaates in die kaiserliche Restaurationspolitik stellt Barbarossa sein Recht als Römischer Kaiser gegenüber. Während sich die Krise zuspitzt, stirbt Hadrian IV. Die Neuwahl (7. Sept. 1159) führt zu einem **Schisma:** Von der sizilienfreundlichen Kardinalsmehrheit wird Alexander III., von einer kaiserfreundlichen Minderheit Viktor IV. erhoben.
1163–1164	**Dritter Italienzug**. Das geplante Unternehmen gegen die Normannen kommt nicht zustande. Die Städteopposition Obertaliens sammelt sich im Veroneser Bund.
1166–1168	**Vierter Italienzug**. Die Erzbischöfe Christian von Mainz und Rainald von Köln vernichten bei Tusculum das stadtrömische Aufgebot. Alexander III. flieht, Paschalis III.

wird in St. Peter inthronisiert, Rom durch Vertrag mit dem Senat gewonnen. Wenige Tage später macht eine verheerende Malariaepidemie alle Erfolge zunichte. Friedrich rettet sich nach Norditalien, wo die Erhebung der Städte und ihre Vereinigung zum Lombardenbund die Kaiserherrschaft auflöst.

1168 In den folgenden Jahren steht der **Ausbau der Königsmacht** in Deutschland im Vordergrund. Die Reichsterritorien im Oberrheingebiet, Schwaben, Franken und Ostmitteldeutschland werden durch Einsatz von Ministerialen, Rodung, Burgen- und Städtegründung sowie Erwerbung von Kirchenlehen verdichtet. In Sachsen erringt Heinrich der Löwe, seit 1168 mit der englischen Königstocher Mathilde († 1189) vermählt, eine königsgleiche Stellung.

1169 Friedrichs Sohn **Heinrich VI**. wird zum **König gewählt**.

1174–1178 **Fünfter Italienzug**. Friedrich unterliegt bei Legnano dem lombardischen Bundesheer. In radikalem Wechsel seiner Politik erkennt er Alexander III. an und isoliert den Lombardenbund.

1177 Der **Friede von Venedig** bringt erhebliche Verbesserungen der kaiserlichen Position.

1178 Auf dem Rückzug empfängt Friedrich I. in Arles die burgundische Königskrone.

1180 Wiederholte Klagen gegen Heinrich den Löwen wegen Nichtbefolgen der Ladungsgebote nach Landrecht führen zur Ächtung Heinrichs und zum Verlust seiner Reichslehen. Sachsen wird aufgeteilt, der Westen als Herzogtum Westfalen dem Erzbischof von Köln, der Osten dem Askanier Bernhard verliehen. Pfalzgraf Otto von Wittelsbach erhält Bayern, die Steiermark wird selbständiges Herzogtum.

Der Prozeß Heinrichs des Löwen offenbart Macht und Grenzen (sog. Leihezwang) der lehnsherrlichen Stellung des deutschen Königs. Nicht das Königtum, sondern der Reichsfürstenstand ist Nutznießer der **Auflösung der Stammesherzogtümer**.

1181	Im Reichskrieg gegen Heinrich den Löwen gewinnt der Kaiser Lübeck. Heinrich erhält bei seiner Unterwerfung den Eigenbesitz (Braunschweig, Lüneburg) zurück.
1183	Der endgültige Friedensschluß mit den Lombardenstädten in Piacenza und Konstanz verpflichtet den nun offiziell anerkannten Lombardenbund zur Wahrung der (finanziell reduzierten) Kaiserrechte.
1184–1186	**Sechster Italienzug**. Friedrich trifft in Verona mit Papst Lucius III. zusammen. Der Kaiser bekennt sich zum Kampf gegen die Häresie. Der Papst verweigert die Kaiserkrönung Heinrichs VI., der sich in Augsburg mit Konstanze, der erbberechtigten Tochter Rogers II. von Sizilien, verlobt (Trauung und Krönung 1186 in Mailand). (Nach dem Fall Jerusalems lenkt das Papsttum im Interesse eines neuen Kreuzzugs ein.)
1187 6. Okt.	**Fall Jerusalems**. Daraufhin:
1189–1192	**Dritter Kreuzzug**: Kaiser Friedrich I. Barbarossa (1152–1190), König Richard Löwenherz von England (1189–1199) und König Philipp II. Augustus von Frankreich (1180–1223) führen den Kreuzzug zur Rückeroberung Jerusalems und der **Rettung der Kreuzfahrerstaaten** an.
1189	Nach einem Sieg bei Ikonion (18. Mai) **ertrinkt** der Kaiser am 10. Juni **im Fluß Saleph**. Sein Sohn, Herzog Friedrich V. von Schwaben, führt den Rest des sich auflösenden Heeres über Antiocheia nach Akkon, bei dessen
1191	Belagerung er stirbt.
1190–1197	**Heinrich VI**. (* 1165, † 1197; König 1169, Kaiser 1191)
1191	**Erster Italienzug.** Heinrich wird in Rom von dem kurz zuvor geweihten Cölestin III. zum Kaiser gekrönt (15. April).
1192	Innenpolitische Fehlgriffe (Lütticher Bistumsstreit) führen zur Bildung einer umfassenden Fürstenopposition (Niederrhein, Köln, Mainz, Trier, Zähringer, Welfen, Böhmen).
1193	Erst die Auslieferung des auf dem Rückweg aus Akkon von Leopold V. von Österreich gefangenen englischen Königs

Richard Löwenherz an den Kaiser sprengt die feindliche Koalition.

1194 Richard wird nach der Zusage von Lösegeld und Lehnsleistung für England freigelassen. Heinrich VI. und Heinrich der Löwe († 6. August 1195) söhnen sich in Tilleda am Kyffhäuser aus.

1194–1195 **Zweiter Italienzug**. Heinrich erobert das Normannenreich.

1194 In Palermo empfängt er die sizilische Königskrone (Dez.).

1196 Wahl des fast zweijährigen Kaisersohnes Friedrich zum König.

1197 28. Sept. Mitten im Aufbruch des seit 1195 angekündigten Kreuzzugs stirbt Heinrich 31jährig in Messina an der Malaria.

Mit seinem Tod zerfällt das staufische Großreich. Kaiserin Konstanze beschränkt sich auf die päpstliche Anerkennung des sizilischen Thronrechts Friedrichs II.

Deutschland wird nach der **Doppelwahl** von 1198 durch den staufisch-welfischen Thronstreit zerrissen.

1198–1208 **Philipp von Schwaben** (* 1176 oder 1177, † 1208; König 1198)

1198–1215 **Otto IV.** (* um 1177, † 1218; König 1198, Kaiser 1209)

1198 Herzog Philipp von Schwaben, jüngster Sohn Friedrichs I., wird von Stauferanhängern in Thüringen erhoben. Hinter ihm steht die Mehrheit der deutschen Fürsten.

Graf Otto von Poitou, Sohn Heinrichs des Löwen, mit englischer Hilfe von einer norddeutschen Fürstengruppe gewählt, bittet den Papst um Unterstützung.

Jahreswende 1200/1201 Papst Innozenz III. entscheidet für Otto IV. Der päpstliche Anspruch auf Approbation der deutschen Königswahl und die Mitwirkung bestimmter Hauptwähler (später: Kurfürsten) werden Teil des kirchlichen Rechts (Dekretale „Venerabilem").

1205 **Philipp wird neu gewählt und in Aachen gekrönt**.

Die Kurie ist nach geheimen Verhandlungen zur offiziellen

1208 Anerkennung Philipps bereit, als dieser in Bamberg einem privaten Racheakt zum Opfer fällt.

1209	Otto IV. wird vom Stauferanhang nachgewählt, gestattet freie kirchliche Wahlen und ungehinderte Appellation an die Kurie.
1209–1211	**Italienzug**.
1209 4. Okt.	**Otto IV.**, von Innozenz III. **zum Kaiser gekrönt**, beginnt trotz gegenteiliger Versicherungen mit der Wiederherstellung der Reichshoheit in Mittelitalien und schreitet
1210	zur Eroberung des Königreichs Sizilien.
1211	Innozenz bannt ihn und läßt gegen ihn mit französischer Hilfe Friedrich von Sizilien als Gegenkönig in Deutschland aufstellen. Otto bricht daraufhin das Sizilienunternehmen ab.
1212–1250	**Friedrich II.** (* 1194, † 1250; König 1196/1212, Kaiser 1220)
1212	Friedrich wird nochmals in Frankfurt gewählt und in Mainz gekrönt.
1213	Er verbrieft in Eger (Goldbulle von Eger) mit Zustimmung der Reichsfürsten die kirchlichen Zugeständnisse Ottos IV.
1220 26. April	In der Confoederatio cum principibus ecclesiasticis verzichtet Friedrich II. auf die selbständige Handhabung wichtiger Königsrechte in den Territorien der geistlichen Fürsten.
1220 22. Nov.	**Kaiserkrönung** Friedrichs II. Der Schwerpunkt der Kaiserherrschaft verlagert sich nun nach Sizilien. In Deutschland führen bis zur Regierungsfähigkeit Heinrichs (1228) Erzbischof Engelbert von Köln († 1225) und Herzog Ludwig I. von Bayern († 1231) die Regentschaft.
1226	Erneuerung des Lombardenbundes. In der **Goldenen Bulle von Rimini** garantiert Friedrich dem Deutschen Orden Besitz und Hoheit des Kulmer Landes und der künftig auf Kosten der heidnischen Prußen durch den Orden zu erobernden Gebiete.
	Durch den Weitblick des Hochmeisters Hermann von Salza (1209–1239) beginnt der Aufbau des preußischen Ordensstaates. Die Vereinigung mit dem 1202 gegründeten livländischen Schwertbrüderorden (1237) bezieht auch

das Baltikum in den Herrschaftsbereich des Deutschen Ordens ein.

1228–1229 **Kreuzzug** des 1227 wegen Verschiebung des Unternehmens von Papst Gregor IX. gebannten Kaisers Friedrich II., seit 1225 durch Heirat mit Isabella von Brienne auch König von Jersualem. Friedrich II. unternimmt es als erster, das Ziel der Kreuzzüge mit diplomatischen Mitteln zu erreichen.

1229 18. Febr. Friedrich schließt mit dem ägyptischen Sultan El-Kamil (Al-Malik al-Kamil) in **Jaffa** einen Vertrag, aufgrund dessen Jerusalem (ohne Felsendom und El-Aksa-Moschee), Bethlehem und Nazareth samt der Verbindung zur Küste zurückgewonnen werden.

1231 Friedrichs Sohn, Heinrich (VII.) verspricht im Statutum in favorem principum auch den weltlichen Fürsten eine Beschränkung der königlichen Territorial- und Städtepolitik gegenüber ihren Herrschaftsbereichen.

1234 Als Heinrich sich gegen Ausschreitungen der Ketzerinquisition in Deutschland wendet, kommt es zum Konflikt mit Papst und Kaiser.

1235 Friedrich kehrt nach Deutschland zurück, schlägt die Empörung Heinrichs nieder, der entthront und in Süditalien gefangengesetzt wird († 1242). Auf dem Mainzer Hoftag (Aug. 1235) verkündet der Kaiser ein umfassendes **Landfriedensgesetz**, das die königliche Obergewalt auch für die von den Fürsten wahrgenommenen Hoheitsrechte betont.

1237 In Wien wird Friedrichs neunjähriger Sohn Konrad, König von Jerusalem, zum Römischen König gewählt.

1239 Die erneute **Bannung Friedrichs** durch Papst Gregor IX. leitet einen gnadenlosen Macht- und Propagandakampf zwischen Kurie und Kaisertum ein, der erst mit der Vernichtung des Stauferhauses endet.

Friedrich rückt in den Kirchenstaat ein. Reichsitalien wird einer straffen Beamtenverwaltung unterstellt.

1243/44 Friedensverhandlungen mit Innozenz IV. scheitern.

1245	Der Papst flieht nach Lyon und erklärt auf dem **Konzil** den Kaiser für abgesetzt und zum Ketzer.
1246–1247	**Heinrich Raspe** (* um 1204, † 1247; König 1246).
1246 22. Mai	Auf Betreiben des Papstes wählt eine Gruppe von rheinischen Kirchenfürsten den thüringischen Landgrafen Heinrich Raspe, zum Gegenkönig. Friedrich II., der in Süddeutschland über starken Anhang verfügt, behält nach dem Aussterben der Babenberger Österreich und Steiermark als Reichslehen ein.
1247–1256	**Wilhelm von Holland** (* 1227, † 1256; König 1247).
1247	Nach dem Tod Heinrich Raspes erheben die rheinischen Erzbischöfe und ihr Anhang den Grafen Wilhelm von Holland zum neuen Gegenkönig.
1248	Wilhelm wird nach längerer Belagerung in Aachen gekrönt.
1250 13. Dez.	**Friedrich stirbt**, politisch unbesiegt, in Castel Fiorentino bei Lucera (Apulien) und wird neben seinem Vater im Dom von Palermo beigesetzt.

Wertungen Friedrichs II.: Friedrich II. versteht sich selbst als Abbild und Stellvertreter Gottes auf Erden, als Herr der Welt und der Elemente, als oberster Gesetzgeber, ja das beseelte Gesetz (lex animata) selbst, als Nachfolger der römischen Cäsaren und neuen Konstantin, als Bringer des goldenen Friedensreiches und letzten Kaiser der Weltgeschichte. Seit dem Kreuzzug von 1228/29 wird ihm in seinen offiziellen Staatsbriefen durch Übertragung von Worten der Bibel und Liturgie eine christusähnliche, **messianische Stellung** zugeschrieben. Seine Gegner indes sehen in ihm den zynischen Ungläubigen und verwerflichen Häretiker, einen zweiten Pharao und Nero. Kuriale Manifeste und joachitische Schriften schildern ihn als Untier der Apokalypse, als Antichrist oder dessen Vorläufer. Seine Anhänger zweifeln an seinem Tod, und mehrfach tauchen nach 1250 in Italien und Deutschland „falsche Friedriche" auf. Die kirchliche Legende versetzt ihn in den Ätna (Sitz des Teufels). In Deutschland wird diese Vorstellung aufgenommen und mit prophetischen Hoffnungen verknüpft in der (erst seit dem 16. Jahrhundert auf Friedrich I. bezogen) Sage des im Kyffhäuser schlafenden Kaisers, der wiederkehrt, um die Kirche zu reinigen und das Reich zu erneuern.

1250–1254 **Konrad IV.** (* 1228, † 1254; König 1237)

1251 Konrad zieht nach Italien, um das sizilische Erbe anzutreten.

1254 21. Mai Konrad stirbt nach einem kurzen Siegeszug. Danach wird in Deutschland kein Stauferkandidat mehr erhoben.

1254 Rheinischer (Städte-) Bund, der sich auf weite Teile des westlichen Reiches ausdehnt (1256 über 70 Städte); auch viele Fürsten treten bei. Das Ziel ist vor allem die Sicherung des Landfriedens.

Das Interregnum (1254[1256]–1273)

Als Interregnum bezeichnet man die nach dem Scheitern der Staufer fortdauernde, sich noch verstärkende Schwächeperiode der Zentralgewalt, die vor allem durch ein Doppelkönigtum gekennzeichnet ist.

1247–1256 **Wilhelm von Holland** (* 1227, † 1256; König 1247/1252). Seit 1254, dem Todesjahr des ungekrönt gebliebenen Stauferkönigs Konrad IV., ist er alleiniger Herrscher.

1256 Er wird im Kampf gegen die Friesen erschlagen (28. Jan.).

1257 **Thronkrise**:

Doppelwahl: Richard von Cornwall (* 1209, † 1272), Bruder des englischen Königs Heinrich III., wird von den Kurfürsten von Köln, Mainz und der Pfalz gewählt und einige Wochen später dann Alfons X., der Weise (* 1221, † 1284), König von Kastilien, von den Kurfürsten von Trier, Sachsen und Brandenburg. Der König von Böhmen stimmt beiden Wahlen zu.

Beide Herrscher sind in Deutschland ohne Hausmacht und bleiben daher auf Bündnispolitik angewiesen. So schreiten in diesen Jahrzehnten die Emanzipation der großen Fürsten, aber auch die Verselbständigung vieler kleiner Reichsherren und damit der Schwund des Reichsguts entscheidend fort.

Die Kurfürsten: Die Regelung der Herrschernachfolge ist die wichtigste Entscheidung in älteren Gemeinwesen. Deutschland ist stets ein **Wahlreich**; vom 10. Jh. an beobachtet man eine ständige Verminderung der Zahl der Wähler und schließlich eine zunehmende Verrechtlichung und **Formalisierung der Wahl**. Die Frage nach den Wurzeln des Kurfürstentums ist nach wie vor unbeantwortet. Ein Zusammenhang mit den königlichen Erzämtern ist wahrscheinlich, mit dem Königtum gewiß. Weil sich im Mittelalter sehr rasch Traditionen bilden, denen dann hohes Alter und Ansehen zugeschrieben werden, kann das Wahlrecht an wenigen hervorragenden Fürsten in einer Periode gleichsam hängengeblieben sein, als das Wählen wenig attraktiv gewesen ist (ausgehende Stauferzeit). Die beträchtlichen Vorteile des Kurfürstenranges stellen sich erst nach und nach heraus: finanzielle und politische Zusagen des Kandidaten vor der Wahl, mehr oder weniger ständige Beteiligung an Reichsangelegenheiten, die Funktion des lange Zeit einzigen Kristallisationspunktes zentralen Handelns im Reich neben dem König (die **sieben Kurfürsten**: die Erzbischöfe von Köln, Mainz und Trier, der König von Böhmen, der Pfalzgraf bei Rhein, der Markgraf von Brandenburg und der Herzog von Sachsen-Wittenberg). Als das spätmittelalterliche Königtum schwach ist oder am Rand des Reiches weilt, leisten Kurfürsten Beträchtliches zum Nutzen des Reichsganzen und verbinden damit ihren eigenen Vorteil.

Könige aus den Häusern Habsburg, Nassau, Wittelsbach und Luxemburg (1273–1493)

1273–1291 **Rudolf I., von Habsburg** (* 1218, † 1291; König 1273).

1273 Die Kurfürsten wählen in Frankfurt am Main einmütig den Grafen Rudolf von Habsburg. Seine Besitzungen liegen im Aar- und Zürichgau, im Elsaß und im Breisgau.

1273, 1274 Hoftage in Speyer und Nürnberg, wo die Rückforderung **(Revindikation)** des entfremdeten Reichsguts seit 1245 verkündet wird.

Der mächtigste Landesherr im Reich ist König Přemysl Ottokar II. von Böhmen (1253–1278; * 1233, † 1278),

DEUTSCHE HERRSCHER des Hauses Habsburg

Rudolf I.	Kg. 1273	* 1218
Gf. v. Habsburg		† 1291
Albrecht I.	Kg. 1298	* 1255
Hz. v. Österreich		† 1308
Friedrich der Schöne	Kg. 1314 (Doppelwahl)	* um 1286
		† 1330
Albrecht II.	Kg. v. Böhmen u. Ungarn 1437,	* 1397
(als Hz. V.)	Kg. 1438	† 1439
Friedrich III.	Kg. 1440,	* 1415
(als Hz. V.)	Ks. 1452	† 1493
Maximilian I.	Kg. 1493,	* 1459
	Ks. 1508	† 1519

der durch Heirat das Herzogtum Österreich 1251 in Besitz nimmt. 1260/61 erwirbt Ottokar das Herzogtum Steiermark hinzu und 1269 das Herzogtum Kärnten und Krain. Er ist damit der größte „Staufererbe" und Hauptgewinner des Interregnums. Ottokar verweigert die Huldigung gegenüber Rudolf und die rechtliche Klärung seines Besitzes.

1278 Sieg Rudolfs über Ottokar auf dem **Marchfeld**, Ottokar wird erschlagen. Ausgleich mit dem Vormund des jungen Wenzel II.: Böhmen und Mähren bleiben přemyslidisch.

1282 Österreich und Steiermark werden habsburgisch.

1292–1298 **Adolf von Nassau** (* 1250, † 1298; König 1292) stammt aus einem mittelrheinischen Grafenhaus und wird gewählt, weil der Sohn Rudolfs, Herzog Albrecht von Österreich, den Kurfürsten zu mächtig erscheint. Aber auch Adolf strebt nach einer neuen Hausmacht im Osten.

1298 Nach seiner Absetzung durch eine Kurfürstenversammlung in Mainz, die Herzog Albrecht zum neuen König wählt, entscheiden die Waffen. Adolf fällt in der Schlacht von Göllheim.

1298–1308 **Albrecht I., von Habsburg** (* 1255, † 1308; König 1298).

1301/02 Die beunruhigten, ein starkes Königtum ablehnenden

rheinischen Kurfürsten werden vom König nacheinander besiegt oder gebeugt.

1308 Albrecht wird von seinem Neffen ermordet.

1308–1313 **Heinrich VII., von Luxemburg** (*um 1274, † 1313; König 1308, Kaiser 1312).

1308 Auf Betreiben des Trierer Kurfürsten Balduin von Luxemburg wird dessen Bruder Graf Heinrich gewählt.

1310 Heinrich VII. belehnt seinen Sohn Johann mit Böhmen, der mit der Přemyslidin Elisabeth vermählt wird.

Johann kann sich in der Folgezeit in Böhmen behaupten und schafft damit die Grundlage für die **zweite zukunftsreiche Großdynastie** des deutschen Spätmittelalters.

1310–1313 **Italienzug** Heinrichs VII.

1311 In Mailand wird er zum König von Italien gekrönt.

1312 **Kaiserkrönung** in Rom, die aber von Straßenkämpfen überschattet ist.

1313 Auf dem Rückmarsch stirbt der Kaiser unweit von Siena.

1314–1347 **Ludwig IV.**, der Bayer, **von Wittelsbach** (* 1282, † 1347; König 1314, Kaiser 1328)

1314–1330 **Friedrich der Schöne**, **von Habsburg** (*um 1286, † 1330; König 1314)

1314 **Doppelwahl** einer habsburgischen Partei (Köln, Pfalz, Sachsen-Wittenberg, Böhmen) und einer luxemburgischen Partei (Mainz, Trier, Böhmen, Brandenburg, Sachsen-Lauenburg). Friedrich ist der Sohn König Albrechts I., von Habsburg. Die luxemburgische Partei wählt Herzog Ludwig von Oberbayern. Damit ist die dritte große königsfähige Dynastie der Folgezeit erhoben.

1322 Bei Mühldorf am Inn **Sieg Ludwigs**. Friedrich wird gefangen und 1325 gegen Thronverzicht freigelassen.

1323 Ludwig sendet einen Vikar nach Italien und stößt dabei auf den Widerstand des Papstes. Auf beiden Seiten ahnt man nicht, daß man in einen letzten, für beide Seiten verhängnisvollen **Konflikt zwischen Papsttum und Kaisertum** hineinschlittert.

1324	**Bann Ludwigs durch den Papst**. Seine Absetzung folgt.
1327–1330	**Italienzug** Ludwigs.
1327	Krönung zum König von Italien in Mailand.
1328	Ludwig wird von städtischem Beamten Roms **zum Kaiser gekrönt**. Papst Johannes XXII. wird abgesetzt, ein Franziskaner, Nikolaus V., zum neuen (Gegen-) Papst gewählt.
1338	**Kurverein von Rhens**. Die Kurfürsten fürchten um ihre Rechte und erklären unter der Führung Balduins von Trier (* 1285, † 1354), daß der von ihnen gewählte König rechtmäßig und ohne päpstliche Bestätigung herrschen könne. Ludwig verkündet den Kurfürstenspruch in zugespitzter Form als kaiserliches Gesetz „Licet iuris": Die Königswahl allein begründe auch schon Rechte, ja Titel des Kaisers.
1346–1378	**Karl IV., von Luxemburg** (* 1316, † 1378; König 1346, Kaiser 1355).
1346	Der Papst fordert die Kurfürsten zur Neuwahl auf. Fünf Kurfürsten wählen Karl zum Gegenkönig, nach päpstlicher Approbation wird er in Bonn gekrönt. Auch bei den Reichsstädten setzt er sich durch. Karl ist der bedeutendste Herrscher des deutschen Spätmittelalters. 1342 übernimmt er die Regierung in Böhmen. Die **neuluxemburgische Hausmacht** ist neben der habsburgischen die größte im Reich.

Die Große Pest: Die Anfänge Karls sind überschattet vom Einbruch der wohl schwersten sozialen und wirtschaftlichen Krise des deutschen Spätmittelalters, vom Kommen der Großen Pest und ihren direkten und indirekten Folgen und Begleitumständen. Die Pest kommt aus dem Mittelmeerraum, man kennt kein Heilmittel. Bei großen Unterschieden im einzelnen dürfte **etwa ein Drittel der Reichsbevölkerung dahingerafft** worden sein. Es zeigen sich Auswirkungen auf die Mentalität der Menschen (Geißlerzüge, Judenverfolgungen) und vor allem längerfristige soziale und wirtschaftliche Folgen. Dem ersten Seuchenzug folgen weitere, die erst in ihrer Summe – auf eine schon geschwächte Bevölkerung treffend – das ganze Unheil hervorbringen.

1354–1355 **Erster Italienzug** Karls IV.

1355 Krönung zum König von Italien in Mailand und **Kaiserkrönung** in Rom durch einen päpstlichen Legaten.

1356 Hoftage in Nürnberg und Metz: **Erlaß der Goldenen Bulle**, des wichtigsten „Grundgesetzes" des alten Reiches, das die Nachfolge im Königtum für die Zukunft regelt. Die **Rechte der sieben Kurfürsten** werden letztgültig bestimmt. Einberufung und Leitung der Wahl obliegen dem Erzbischof von Mainz, der als letzter seine vielleicht entscheidende Stimme abgibt. Mehrheitswahl ist ausreichend, Selbstwahl eines Kurfürsten ist gestattet. Kurfürstentümer dürfen nicht geteilt werden; sie erhalten Rechte, die ihnen Vorteile vor anderen Landesherrschaften sichern. Insbesondere wird Böhmen hervorgehoben, dessen König jetzt unter den weltlichen Kurfürsten als erster gilt.

Mehrere Fürsten, vor allem die Habsburger, bemühen sich, den Vorsprung der Kurfürsten einzuholen (1358/59 Fälschung des sog. Privilegium maius zugunsten Österreichs).

1365 Krönung Karls IV. zum **König von Burgund** in Arles.

1368–1369 **Zweiter Italienzug** zur Unterstützung des Papstes, der nach Rom zurückzukehren versucht.

1370 **Friede von Stralsund** nach der Niederlage des dänischen Königs gegenüber einem Bündnis von Hansestädten: politischer Höhepunkt der Stellung der Hanse im niederdeutsch-nordeuropäischen Raum, den sie in ihrer Blütezeit zu einer Wirtschaftseinheit formt.

Die Hanse: Eines der bemerkenswertesten Phänomene des europäischen Mittelalters erwächst aus verschiedenen Wurzeln. Hansen sind lokale, zumal niederländisch-niederrheinische **Kaufmannsgruppen** des 12., z. T. schon des 11. Jh.s, die in England wegen ihrer besonderen Privilegien zusammengefaßt sind. Einen anderen Anfang bildet die Genossenschaft der Kaufleute des Reiches auf der Ostseeinsel Gotland, die seit der 2. Hälfte des 12. Jh.s rechtsfähig ist. Eine dritte Wurzel stellt Lübeck dar, das künftige Haupt der

Hanse, mit dessen Gründung (endgültig 1158/59 durch Herzog Heinrich den Löwen) die erste vollausgebildete und moderne Großstadt und zugleich größte Stadt des mittelalterlichen Nordviertels Europas Zentrum und Modell für zahlreiche weitere Städte wird. Von Lübeck aus erschließt die Nordseekogge, ein lange Zeit weit überlegenes Fahrzeug, auch die Ostsee.
Die Basis der hansischen Vor- und Frühzeit bildet die frühentwickelte Wirtschaftskraft des Rheinlandes und Westfalens. So hängt die Entfaltung der Hanse auch mit dem Aufstieg der Städte zusammen, ebenso wie mit der Vollentwicklung der deutschen **Ostsiedlung** seit etwa 1150. Eine weithin identische Sozial- und Wirtschaftsstruktur, das heißt ein Fernhandel treibendes Großbürgertum, ein vielfach verflochtener Personenkreis, ist für die Hanse bezeichnend; dieses wächst hier heran. Es handelt sich nicht um ein politisch-institutionelles Gebilde, sondern um einen Personenverband mit gleichen oder ähnlichen Interessen.
Das 14. Jh. ist die **Blütezeit** der Hanse. Statt der Person des Kaufmanns tritt allmählich, vor allem infolge wachsender auswärtiger Konkurrenz, die Heimatstadt in den Vordergrund: Aus der Kaufmannshanse wird schrittweise die **Städtehanse**. Der Begriff der Hansestadt bleibt aber vage, es gibt stets aktive und passive Städte.

1376 Die Kurfürsten wählen Karls Sohn Wenzel (* 1361, † 1419) zum König, erstmals seit der Stauferzeit zu Lebzeiten des Vaters.

1378 Karl teilt testamentarisch seine Erblande: Wenzel erhält das Kerngebiet mit Böhmen, Sigismund Brandenburg und Johann ein kleines Herzogtum Görlitz.
In Karls letzten Tagen bricht **das Große Schisma** der Kirche aus, das künftig die deutsche Politik überschatten wird.

1378–1400 **Wenzel**, von Luxemburg (* 1361, † 1419; König 1376)
Der älteste Sohn Karls IV. übernimmt ein schweres Erbe, im Hinblick auf die gespaltene Kirche, auf das Gegeneinander von Fürsten, Städten und Rittern im Reich und auf die vom Vater mühsam kontrollierte Situation in Böhmen. Hier bricht die latente Krise zuerst auf:

1384/1385 Zerfall des karolinischen Systems in Böhmen; Wenzels Königtum wird schrittweise auf die Krondomäne zurückgedrängt.

1386 **Schlacht bei Sempach** (heute Kanton Luzern): Herzog Leopold III. von Österreich unterliegt und fällt gegen die Eidgenossen und schwäbisch-rheinischen Städte.

1397–1400 Wenzels Machtverfall schreitet rasch fort.

1400 **Die vier rheinischen Kurfürsten setzen Wenzel ab** und wählen in Rhens den Pfalzgrafen Ruprecht III. (* 1352, † 1410) zum neuen König.

1400–1410 **Ruprecht, von Wittelsbach** (* 1352, † 1410; König 1400)

1401–1402 Der Italienzug Ruprechts scheitert schon in Oberitalien an den Visconti.

1409 Das von Kardinälen berufene **Konzil von Pisa** setzt die Päpste von Rom und Avignon ab, die jedoch diesen Akt nicht anerkennen, und wählt einen dritten Papst. Ruprecht bleibt dem römischen Papst treu, während viele Reichsfürsten unter Kurmainzer Führung zu Pisa übergehen.

1410 Tod Ruprechts.

1410–1437 **Sigismund, von Luxemburg** (* 1368, † 1437; König 1410, Kaiser 1433)

1410–1414 Sigismund kommt vier Jahre hindurch nicht ins Reich.

Er ist durch innere und äußere **Probleme Ungarns** festgehalten und hat nur in geringem Maße eine nutzbare Hausmacht im Reich.

Vor allem muß er die unhaltbar gewordene Situation der Kirche zu bereinigen trachten. Die Gedanken des **Konziliarismus**, beruhend auf alten Rechtsvorstellungen, haben sich im Rahmen allgemeiner Kritik an der Kurie, an deren Stelle man auf den deutschen König als Vogt der Kirche blickt, so weit durchgesetzt, daß sich alle Hoffnungen auf ein allgemeines Konzil richten. Reichs- und Kirchengeschichte erweisen sich auch im 15. Jh. als zusammengehörig, das Streben nach Reformen bezieht sich auf Kirche und Reich zugleich.

1414–1418 **Konzil von Konstanz**, bisher größte Kirchenversammlung des Mittelalters. Unter großem und erfolgreichem persönlichen Einsatz Sigismunds behandelt das Konzil drei Hauptfragen kirchlicher Existenz, das Papstproblem (causa unionis), das Reformproblem (causa reformationis) und die Hus-Frage (causa fidei).

1415 Absetzung Johannes' XXIII. (*um 1370, † 1419), Rücktritt Gregors XII. (*um 1325, † 1417), Verurteilung und Hinrichtung des Johannes Hus (*um 1370, † 1415), Übertragung von Brandenburg an Burggraf Friedrich VI. von Nürnberg (* 1371, † 1440).

1417 Papst Benedikt XIII. († 1423) abgesetzt. Wahl des Papstes Martin V., der allgemein anerkannt wird.

1419–1434 **Hussitenkrise** und Hussitenkämpfe. Die durch das Königtum Wenzels äußerlich hintangehaltenen, sich aber ständig vermehrenden religiösen Oppositionsgruppen mit unterschiedlichem sozialen und nationalen Engagement können angesichts der Stellung, die Böhmen im späteren 14. Jh. im Reich gewonnen hat, bald nicht mehr als innerterritoriale Angelegenheit gelten, zumal nicht nach dem Scheitern Sigismunds bei dem Versuch, die Landesherrschaft in Böhmen als Erbe Wenzels anzutreten (1420).

1421 Sigismunds Heer bei Deutsch-Brod (Böhmen) von den Hussiten geschlagen; er wird als König von Böhmen abgesetzt.

1431–1449 **Konzil von Basel**. Die konziliare Bewegung findet sich in Fortwirkung der Gedanken und Beschlüsse von Konstanz neu zusammen, stößt aber dabei schnell auf die Ablehnung des neuen Papstes Eugen IV. (1431–1447). Das Konzil erläßt eine Anzahl von Reformdekreten, verfällt aber seit 1435 wachsender Radikalisierung. 1437 wird das Konzil nach Ferrara verlegt.

1431–1433 **Italienzug** Sigismunds.

1431 Krönung zum König von Italien in Mailand im Bündnis mit den Visconti.

1433 **Kaiserkrönung Sigismunds** durch Eugen IV.

Im selben Jahr wird nach langwierigen Verhandlungen mit den Hussiten auf dem Konzil mit den gemäßigten Gruppen (Kalixtiner) ein Übereinkommen (Prager Kompaktaten) getroffen, das ihnen den Laienkelch gewährt.

1436 Sigismund zieht als Landesherr in Böhmen ein, wo freilich die Position der zentralen Gewalt sehr geschwächt und der Hochadel gestärkt ist.

Reichsidee und Reichsreform: Die Frage nach dem **Zusammenhalt des Reiches** ist neben der Kontinuitätsfrage durch häufigen Dynastienwechsel das zweite Grundproblem deutscher Geschichte im späten Mittelalter. Denn die Zentralgewalt ist häufig geschwächt; das Interesse der meisten politischen Kräfte richtet sich auf den inneren Ausbau regionaler Bereiche. Während im 14. Jh. die im Rahmen des Gesamten denkende und handelnde politische Gruppe noch klein ist (König, weltliche Kurfürsten, rivalisierende königsfähige Häuser, eine Anzahl führender Großbürger und Kleriker), erweitert sich dieser Kreis im 15. Jh. auf jeder Stufe beträchtlich. Zugleich wird man fähig, das Denken vom Reich, das bisher stark an die Person des Herrschers gebunden war, vom König zu lösen, ja gegen diesen zu wenden, so daß die **Formel von „Kaiser und Reich"** in der frühen Neuzeit geradezu als Gegensatz verstanden werden kann. Die realen Schwierigkeiten einer einheitlichen Reichspolitik werden von den Zeitgenossen unterschätzt.

1438–1439 **Albrecht II., von Habsburg** (* 1397, † 1439; König 1438)

1439 Mainzer Akzeptation: König Albrecht und die Mehrheit der Kurfürsten erkennen eine Reihe von Basler Konzilsdekreten an.

1440–1493 **Friedrich III., von Habsburg** (* 1415, † 1493; König 1440, Kaiser 1452)

Nach dem unvermuteten Tode Albrechts wählen die Kurfürsten erneut einen Habsburger, den Herzog von Steiermark und Kärnten, zum König. Damit rückt der landesherrliche Mittelpunkt des Königtums in den äußersten Südosten.

1444–1471 **Friedrich kommt 27 Jahre hindurch nicht ins Binnenreich**.
Die Verbindung der Königsnahen mit dem Herrscher, auf der ein großer Teil der Wirkung des Königtums und damit auch ein Stück Reichszusammenhalt beruht, verdünnt sich beträchtlich. Das Reich wird abermals der Selbstorganisation überlassen, wobei die Kurfürsten zunehmend von einigen größeren Fürsten eingeholt werden (Bayern, Hessen, Cleve u. a.) und diesen Mitsprache einräumen. Auseinandersetzungen zwischen großen Fürsten und zahllose kleine Fehden können sich ohne viel äußeres Hemmnis abspielen.

1448 **Wiener Konkordat**, das die Beziehungen zwischen „Staat" und Kirche bis zum Ende des alten Reiches regelt sowie die Besetzungsrechte kirchlicher Ämter zwischen Papst und Kapiteln bzw. Landesherren aufteilt.

1452 **Italienzug** Friedrichs III. mit **Kaiserkrönung**, der letzten eines deutschen Herrschers in Rom.

1460 Verlust des habsburgischen Thurgaus an die Eidgenossen (1418 schon der Aargau).

1460, 1462 Kurfürst Friedrich der Siegreiche von der Pfalz (1449–1476; * 1425, † 1476) besiegt Kurmainz, Württemberg, Baden, den Bischof von Speyer sowie verschiedene Grafen und schafft sich einen bedeutenden Hegemonialraum.

1467–1477 **Karl der Kühne**, Herzog von Burgund (* 1433, † 1477), Besitzer zahlreicher Reichslehen, nur nominell Vasall des deutschen und französischen Königs, strebt nach dem Besitz von Lothringen und Elsaß.
1469 Erpfändung des habsburgischen Besitzes im Elsaß und Breisgau, 1473 Eroberung von Geldern (Niederlande) und Zutphen (in der niederländischen Provinz Gelderland).

1474 Die „Ewige Richtung" von Konstanz bringt unter burgundischem Druck einen Ausgleich zwischen Habsburg-Tirol und den Eidgenossen unter Anerkennung des Status quo.

1475	Karl der Kühne erobert das Herzogtum Lothringen.
1476	Karl wird bei Grandson (Kanton Waadt) und Murten (Kanton Freiburg) von den Eidgenossen besiegt.
1477	**Karl fällt bei Nancy** im Kampf gegen Eidgenossen, Lothringer und Elsässer. Maria von Burgund heiratet den Kaisersohn Maximilian (* 1459, † 1519), der dadurch Karls Lehen im Reich, d. h. die burgundischen Niederlande und die Freigrafschaft Burgund für sein Haus gewinnt.
1477, 1481	Beginn der bedrohlichen Einfälle des Königs Matthias Corvinus von Ungarn in Österreich.
1485	Wien geht an Matthias verloren, der Kaiser flüchtet nach Tirol und ins Binnenreich und kann erst 1489 wenigstens nach Linz zurückkehren.
1486	**Maximilian I.**, von Habsburg wird in Frankfurt am Main einmütig zum König gewählt.
1490	Nach dem Tode von Matthias Corvinus (1490) erobert Maximilian die östlichen österreichischen Länder zurück und dringt in Ungarn ein.
1491	Friede von Preßburg: Maximilian behauptet ein Nachfolgerecht in Böhmen und Ungarn.
1493	**Friedrich III. stirbt**.

Heiliges Römisches Reich, Österreich und Brandenburg-Preußen (1493–1790/1792)

Vom Ausgang des Mittelalters bis zum Ende des Dreißigjährigen Krieges (1493–1648)

1493–1519 König, ab 1508 Kaiser **Maximilian I.** (* 1459, † 1519)

1495 Bemühungen um eine Reform der Reichsverfassung führen auf dem Reichstag zu Worms zu ersten grundlegenden Reformbeschlüssen: die **Verkündung des „Ewigen Landfriedens“**, die Errichtung eines ständig tagenden Reichskammergerichts, die Erhebung des Gemeinen Pfennigs und die Formulierung einer „Handhabung Friedens und Rechts“ schaffen eine neue Rechtsgrundlage des Reiches.

1508 6. Febr. **Maximilian I. nimmt** mit päpstlicher Zustimmung im Dom von Trient den **Titel eines Erwählten Römischen Kaisers an**, ohne je vom Papst zum Kaiser gekrönt zu werden. Seine Nachfolger nehmen unmittelbar nach der Aachener Königskrönung den Kaisertitel an.

1512 Reichstag zu Köln. Einteilung des Reiches in zehn **Reichskreise**: Ihnen wird die Wahrung des Landfriedens und die Verteidigung nach außen übertragen. Die Wahrnehmung ständiger Geschäfte gibt ihnen als Selbstverwaltungskörpern die Möglichkeit einer festen Entwicklung.

1517 Beginn der Reformation durch **Martin Luther** (* 1483, † 1546; 1505 Eintritt in das Kloster der Augustinereremiten in Erfurt, 1512 Doktor der Theologie und Professor für Bibelauslegung in Wittenberg). Zwischen 1511 und 1517 gelangt Luther zur Erkenntnis, daß die Rechtfertigung des Menschen vor Gott durch den Glauben allein

Herbst geschieht. – Mit der **Versendung von 95 lateinischen Thesen** gegen den Mißbrauch des Ablasses tritt Luther an die kirchliche Öffentlichkeit. – Als sie einige Zeit später, ins Deutsche übersetzt, durch den Druck verbreitet werden, erregen sie großes Aufsehen.

1518 Reichstag zu Augsburg. Luther verweigert den Widerruf seiner Lehre und festigt seine negative Auffassung vom Papsttum.

1519 **Karl** (*1500, †1558; seit 1516 König des vereinigten Spanien), Enkel Maximilians I. Bei seiner **Wahl zum Römischen König und Kaiser** in Frankfurt am Main (28. Juni) siegt Karl über den von Papst Leo X. (1513–1521) unterstützten französischen Rivalen, Franz I. Der Wahl geht die Annahme einer **Wahlkapitulation** voraus (Vertrag, in dem der zu Wählende für den Fall seiner Wahl bestimmte Versprechungen und Zugeständnisse macht), in der Karl auf die von den Kurfürsten vertretenen Interessen des Reiches verpflichtet wird und u. a. ein ständisches Reichsregiment zugestehen muß. Diese erste Wahlkapitulation eines Römischen Königs und Kaisers dient allen späteren bis zum Ende des Reiches als Vorbild, seit 1711 „Capitulatio perpetua", und gilt als eine Art Verfassungsurkunde (Reichsgrundgesetz).

1519–1556 **Karl V.** vereinigt Gebiete unter seiner Macht, die an Umfang, Bevölkerung und Reichtum alles übertreffen, was jemals seit dem Reich der Karolinger von einer Hand regiert wurde. Karl fühlt sich als Niederländer und Burgunder.

1520 Nachdem Luther 1519 in Leipzig neben dem Papst auch allgemeine Konzile für irrtumsfähig erklärt hat, veröffentlicht er **drei reformatorische Programmschriften** von weitreichender Wirkung im Reich: 1. „An den christlichen Adel deutscher Nation von des christlichen Standes Besserung", 2. Das lateinisch abgefaßte Werk „De captivitate Babylonica ecclesiae" („Von der Babylonischen Gefangenschaft der Kirche"), 3. „Von der Freiheit eines Christenmenschen". Trotz unterschiedlicher Thematik durchzieht sie die gleiche Forderung nach der wahren Kirche als Gemeinschaft der Gleichgestellten und Freien.

10. Dez. Nach Ablauf der Widerrufsfrist für 41 von Rom als ketze-

risch betrachtete Sätze **verbrennt Luther die Bannandrohungsbulle Exsurge Domine** („Erhebe dich, Herr!") vom 15. Juni.

1521 Reichstag zu Worms.

Der Wormser Reichstag von 1521 und seine Folgen: Trotz des rechtswirksamen Bannes wird Luther auf den Reichstag vor Kaiser und Reich geladen, auf dem er aber den Widerruf seiner Lehre verweigert. Obwohl das ihm zugesagte kaiserliche Geleit eingehalten wird, läßt Kurfürst **Friedrich der Weise** Luther auf die Wartburg in Sicherheit bringen. Hier überträgt der Reformator 1521/22 das Neue Testament aus der Vulgata und der Ausgabe des Erasmus von 1519 ins Deutsche. Seine **Bibelübersetzung** wird die Grundlage für die neuhochdeutsche Schriftsprache.
Das auf dem Wormser Reichstag erlassene Reichsgesetz **(Wormser Edikt)** verhängt über Luther die Reichsacht (wer seiner habhaft wird, soll ihn dem Kaiser ausliefern) und ordnet die Vernichtung seiner Schriften an.

1521/1522 Karl V. überläßt die habsburgischen Erblande seinem Bruder Ferdinand (* 1503, † 1564), Erzherzog von Österreich, den er auch während seiner Abwesenheit vom Reich als Statthalter dem Reichsregiment zuordnet.

1522–1523 **Ritterkrieg**. Aufgrund des Verlustes sozialer Funktionen im Reich gerät die Ritterschaft seit Beginn des Jahrhunderts in eine kritische Lage. Als soziale Gruppe beginnt sie sich in landständischen Adel und Reichsritterschaft aufzuspalten. Franz von Sickingen (* 1481, † 1523) sucht einen Ausweg aus der Situation der Ritter zwischen aufblühendem Bürgertum und sich im Landesfürstentum abschließenden hohen Adel in Überfällen auf Städte und im landfriedensbrecherischen Krieg gegen das Kurfürstentum Trier. Sickingen vermag sich mit seinen Leuten nicht gegen das Heer von Kurtrier, Kurpfalz und Hessen zu behaupten; tödlich verwundet stirbt er auf seiner Feste Landstuhl bei Kaiserslautern (7. Mai 1523). Wichtigster Propagandist der Ritter und humanistischer Ratgeber Sickingens ist Ulrich von Hutten (* 1488, † 1523), der – Luthers Anregung folgend – seine ätzende Kritik an den kirchlichen Mißständen teilweise in deutscher Sprache verbreitet.

1524–1525 Bauernkrieg.

Ursachen, Verlauf und Folgen des Bauernkrieges: Die schon seit dem 15. Jh. und zu Beginn des 16. Jh.s bestehenden Bauernunruhen wandeln sich zum Kampf um das „göttliche Recht" und werden durch die reformatorische Bewegung intensiviert. Die **Summe von Aufständen** in Salzburg, Tirol, im Allgäu, in Schwaben, am Oberrhein, in Franken und Thüringen macht den Bauernkrieg aus, dessen vielfältige rechtliche, wirtschaftliche, soziale und kirchlich-reformatorische Forderungen in den „zwölf Artikeln der Bauernschaft in Schwaben" zum grundlegenden Katalog zusammengefaßt werden. Der thüringische Theologe **Thomas Müntzer** (* um 1490, † 1525) hat als die soziale Krise ausnützender religiöser Revolutionär große Erfolge. Die vernichtende **Niederlage der Bauern** erfolgt bei Frankenhausen am Südhang des Kyffhäusers (Thüringen, 15. Mai 1525) gegen das vereinigte Heer der Fürsten von Hessen, Sachsen und Braunschweig; Müntzer wird gefangengenommen und enthauptet.

1526 **Erster Reichstag zu Speyer** beschließt, jeder Stand solle sich bis zum nächsten Konzil gegenüber seinen Untertanen so verhalten, „wie ein jeder solches gegen Gott und Kayserl. Majestät hoffet und vertraut zu verantworten"; es wird damit das Wormser Edikt weitgehend außer Kraft gesetzt.

1529 **Zweiter Reichstag zu Speyer**. Ferdinand will das Wormser Edikt wieder voll in Kraft setzen, was die „protestatio" evangelischer Reichsstände auslöst. Sie werden seither **Protestanten** genannt.

Im Oktober findet ein **Religionsgespräch zwischen Luther und Zwingli** statt. Die Meinungsverschiedenheiten in der Abendmahlsfrage werden nicht überwunden. Die Spaltung des Protestantismus bleibt bestehen.

1530 Der **Reichstag zu Augsburg** endet mit unversöhnlicher konfessioneller Konfrontation. Das Augsburgische Bekenntnis (CA = **Confessio Augustana**) wird von **Phi-**

lipp **Melanchthon** (* 1497, † 1560) verfaßt, von protestantischen Reichsfürsten und -städten unterzeichnet und dem Kaiser vorgetragen. Eine katholische Gegenerklärung, die „Confutatio", führt nicht zu der von Karl V. angestrebten Unterwerfung der Protestanten. Der Reichsabschied ergeht in Abwesenheit der Protestanten. Jeglicher Widerstand gegen das Wormser Edikt wird zum Landfriedensbruch und damit zur Sache des Reichskammergerichts erklärt.

1531 23. Febr. Mehrere protestantische Reichsstände schließen im **Schmalkaldischen Bund** (Schmalkalden am Südhang des Thüringer Waldes) ein Verteidigungsbündnis unter Führung Kursachsens und Hessens gegen die kaiserliche Religionspolitik, das sich in den nächsten Jahren stark erweitert und Beziehungen zu auswärtigen Mächten anknüpft.

1532 Erster Erfolg des Schmalkaldischen Bundes ist der Nürnberger „Anstand" (eine Art befristeter Religionsfriede), den Karl V. angesichts der bewaffneten Macht der Protestanten und der Türkengefahr (Belagerung Wiens, 1529) den protestantischen Reichsständen auf einer Reichsversammlung in Nürnberg gewähren muß. Den Protestanten wird vorläufig (bis zu einem Konzil oder Reichstag) freie Religionsausübung zugestanden („Religionsprozesse" vor dem Reichskammergericht sollen ausgesetzt werden). Die Protestanten leisten dafür Hilfe gegen die Türken. – Im Regensburger Reichsabschied (27. Juli) wird die **„Constitutio Criminalis Carolina"** verkündet, die in der Reichsgesetzgebung die Bereiche des Strafverfahrens und materiellen Strafrechts abdeckt und das erste deutsche Reichsstrafgesetzbuch darstellt.

1534/1535 Täuferreich in Münster. Wiederherstellung des Katholizismus nach der Rückeroberung der Stadt.

1540 Angesichts eines neuen Türkenkrieges drängt Karl V. auf einen friedlichen Ausgleich im Glaubensstreit während des Regensburger Reichstages. Obwohl man einer Einigung in der zentralen Frage der Rechtfertigung sehr nahekommt, können die Meinungsunterschiede in der Sakramentenfrage nicht überbrückt werden. Schließlich lehnen die Reichsstände beider Konfessionen, die römische Kurie und Luther die Gesprächsergebnisse insgesamt ab und markieren damit das vorläufige **Ende theologischer Einigungsbemühungen** zwischen den Konfessionen. Wegen der Türkengefahr gewährt der Kaiser erneut die Verlängerung des Nürnberger „Anstandes".

1542 Der Reichstag zu Speyer bewilligt noch einmal einen Gemeinen Pfennig zur Finanzierung der Türkenhilfe durch das Reich.

1545–1563 **Konzil zu Trient** (Concilium Tridentinum). Die Protestanten beschließen auf dem Reichstag zu Worms (1545), der Zusammenkunft fernzubleiben.

1545–1547 Erste Konzilsperiode, dann Verlegung ins päpstliche Bologna. Wichtigste Entscheidung ist die Gleichstellung von Heiliger Schrift und kirchlicher Tradition (Teilerfolg der Reformation, 8. April 1546).

1546 18. Febr. **Tod Luthers** in Eisleben. – Durch geschickte Vertragspolitik kann Karl V. mit Herzog Wilhelm IV. von Bayern (* 1493, † 1550) und dem protestantischen Herzog Moritz von Sachsen (* 1521, † 1553; 1541 Herzog, 1547 Kurfürst) zwei prominente Mitglieder des oppositionellen Reichsfürstenstandes an sich binden.

1546–1547 Nach einem Reichstag zu Regensburg, auf dem ein neuerliches Religionsgespräch scheitert, bricht der **Schmalkaldische Krieg** aus. Karl V. führt den Krieg, den er als Exekution einer Reichsacht versteht, seit Juni 1546 vor allem gegen die protestantischen Reichsfürsten Philipp von Hessen und Johann Friedrich von Sachsen (1532–1547; * 1503, † 1554). Der Krieg verlagert sich von Süddeutschland nach Sachsen, wo Johann Friedrich in der **Schlacht bei Mühlberg/Elbe** besiegt und gefangengenommen wird. Dasselbe Schicksal erleidet Philipp von Hessen in Halle (19. Juni). Beide Häupter der Schmalkaldener treten lange Haftstrafen an; ihr Bund verliert jegliche Macht. – Moritz von Sachsen erhält die Kurwürde.

1547–1548 **Reichstag zu Augsburg**. Karl V. erreicht eine Reorganisation des Reichskammergerichts mit Stärkung des kaiser-

1548 15. Mai lichen Einflusses und die Anlegung eines finanziellen „Vorrats“ für künftige Türkenkriege.

1552 Nach der Errichtung eines Bündnissystems mit protestantischen Fürsten (seit 1550) schließt Moritz von Sachsen

15. Jan. mit dem französischen König Heinrich II. den Vertrag von Chambord (Schloß im Loiretal) und schafft damit eine überkonfessionelle internationale Allianz gegen Karl V. Als Exponent der deutschen Fürstenopposition gegen absolutistische Neigungen des Kaisers führt Moritz ab März den **Fürstenkrieg**.

2. Aug. Im **Passauer Vertrag** einigen sich König Ferdinand, die „Kriegsfürsten“ und die Neutralen auf die Gewährung freier Religionsausübung der Protestanten bis zu einem neuen Reichstag.

1555 **Reichstag zu Augsburg** unter der Leitung Ferdinands I.

Das Augsburger Friedenswerk von 1555: Am 25. September kommt es zum **Abschluß des Augsburger Religions- und Landfriedens**, mit dem auf Dauer das Nebeneinander von Katholiken und Anhängern der Confessio Augustana (bei ausdrücklichem Ausschluß anderer Bekenntnisse, vor allem der Reformierten) reichsrechtlich geregelt wird. Das Reich verliert die Religionshoheit zugunsten der Territorien und nimmt damit die 1526 auf dem Speyerer Reichstag verfolgte Linie wieder auf. Eine Wahlfreiheit zwischen beiden zugelassenen Konfessionen wird aber nur den Reichsständen, dagegen nicht dem einzelnen Untertanen zugestanden, der die Religion seiner Obrigkeit annehmen muß (ius reformandi) oder vom Recht der Auswanderung Gebrauch machen kann (ius emigrandi). Die Formel **„cuius regio, eius religio“** (Wem das Land gehört, der bestimmt auch die Religion) findet sich allerdings nicht im Religionsfrieden, sondern ist ein späterer, interpretierender Rechtssatz. Ein Nebeneinander beider Konfessionen wird nur in den Reichsstädten zugelassen, in denen bereits Parität herrscht. Ein-

geschränkt wird das ius reformandi durch den sog. Geistlichen Vorbehalt **(Reservatum ecclesiasticum)**: Danach verliert ein geistlicher Reichsfürst Rechte und Einkünfte, Land und Herrschaft, wenn er zum Protestantismus übertritt. Ferdinand gesteht dem protestantischen landsässigen Adel, Ritterschaften, Städten und Gemeinden geistlicher Territorien, die schon lange der Confessio Augustana anhängen, in einem königlichen Erlaß (**Declaratio Ferdinandea**, 24. September) als Kompensation die Freiheit der Religionsausübung zu.
Wie der Religionsfriede, so dient auch die **Reichsexekutionsordnung** der Errichtung und Sicherung eines allgemeinen Landfriedens auf Dauer. Indem den **zehn Reichskreisen** mit der Vollstreckung der reichskammergerichtlichen Urteile und der Aufstellung des Heeres die Sicherung des Landfriedens anvertraut wird, werden sie zu Exekutivorganen für das Reich und können für das gesamte Reichsgebiet integrierende Funktionen ausüben.

1556 12. Sept.	Karl V. verzichtet auf die Kaiserwürde. Er stirbt am 21. September 1558.
1556–1564	Kaiser **Ferdinand I.**
1564–1576	Kaiser **Maximilian II.** (* 1527, † 1576) ist seit 24. Nov. 1562 bereits Römischer König. Er lehnt die Verkündung der Beschlüsse des Konzils von Trient zu einem Zeitpunkt ab, da das Reich einen Höhepunkt der Ausbreitung des Protestantismus erfährt (sieben Zehntel des Reiches sind lutherisch).
1570	**Reichstag zu Speyer**. Auf den Reichstagen der Folgezeit sind die Reichsfürsten beider Konfessionen stets auf die Bewahrung ihrer „Libertät“ bedacht.
1576–1612	Kaiser **Rudolf II.** (* 1552, † 1612). Seine Regierungszeit ist beherrscht vom permanenten Streit um die Auslegung des Augsburger Religionsfriedens.
1577	Die **Konkordienformel** schafft ein einheitliches Lehrbekenntnis der lutherischen Orthodoxie, dem sich die meisten lutherischen Territorien anschließen.
1582	**Reichstag zu Augsburg**, auf dem wie auf seinen Nachfolgern zu Regensburg 1594, 1597/98, 1603 und 1608 die Stände das Geschehen beherrschen und der Kaiser

nur dann politisch an Einfluß gewinnt, wenn er sich für eine der vertretenen Richtungen entscheidet.

1600 **Zusammenbruch der Reichsjustiz**. Der 1594 vom Reichstag mit der Visitation des Reichskammergerichts beauftragte Reichsdeputationstag wird von Kurpfalz für unzuständig erklärt und von Kurpfalz, Kurbrandenburg und Braunschweig-Wolfenbüttel lahmgelegt; er tritt nicht mehr zusammen.

1603 **Reichstag zu Regensburg**. Kurpfalz erhebt die Forderung, kein Reichsstand brauche mehr Steuern zu zahlen, als er für sich bewilligt habe. Dies bedeutet, daß das Majoritätsprinzip in Reichsfinanzbeschlüssen aufgehoben wird. Die Handlungsunfähigkeit des Reichstages nimmt zu.

1608 **Reichstag zu Regensburg**. Die protestantischen Reichsstände fordern erneute Bestätigung des Augsburger Religionsfriedens und drohen Verweigerung der beantragten Türkenhilfe an. Die katholischen Reichsstände fordern die Herausgabe der seit 1555 vertragswidrig angeeigneten Besitzungen, u. a. die von den Protestanten besetzten norddeutschen Bistümer. Über diese Gegensätze kommt es zum Bruch: Die Protestanten verlassen unter Führung von Kurpfalz den Reichstag.

Kurpfalz gründet mit anderen süddeutschen protestantischen Ständen (Württemberg, Baden-Durlach, Ansbach-Bayreuth) die zunächst auf zehn Jahre befristete **Union**, der sich bald Hessen-Kassel, Brandenburg, Pfalz-Zweibrücken und 17 oberdeutsche Reichsstädte anschließen.

1609 Unter bayrischer Führung vereinigen sich mit Ausnahme von Österreich und Salzburg katholische Reichsstände zur **Liga**, die den Zweck hat, Landfrieden und katholische Religion zu verteidigen.

1609–1614 **Erbfolgestreit um die** Vereinigten **Herzogtümer Cleve-Jülich-Berg**, an dem neben Pfalz-Neuburg, Kurbrandenburg und dem Kaiser auch das benachbarte Ausland interessiert ist und in dem sich erstmals die beiden konfessionellen Schutzbünde gegenüberstehen.

1612–1619 Kaiser **Matthias**. Seinem streng katholischen Vetter Erzherzog Ferdinand (* 1578, † 1637) sichert er gegen den Widerstand der protestantischen Stände die Nachfolge in Böhmen, Ungarn und dem Reich.

1614
12. Nov. Im Vertrag von Xanten kommen Jülich und Berg an Pfalz-Neuburg; Cleve, die Grafschaften Mark und Ravensberg sowie die Herrschaft Ravenstein an **Kurbrandenburg**. Wie das seit 1613 calvinistische Herrscherhaus der Hohenzollern gegenüber seinen alten lutherischen Territorien eine tolerante Religionspolitik entwickelte, so verfolgt es diese auch gegenüber den Neuerwerbungen.

1618 Das **Herzogtum Preußen** fällt nach dem Tode Herzog Albrecht Friedrichs durch Erbschaft an die brandenburgische Hauptlinie des Hauses Hohenzollern.

1618–1648 **Dreißigjähriger Krieg**. Was als lokale Revolte der mehrheitlich protestantischen Stände gegen die katholische Dynastie Habsburg in Böhmen beginnt, entwickelt sich zu einem großen Krieg fast aller europäischen Mächte im Reich.

Die Ursachen für diese Ausweitung liegen einmal im unüberbrückbar gewordenen religiösen Gegeneinander nach der Glaubensspaltung und zum anderen in den ungelösten Problemen der Reichsverfassung. Inhaltlich werden die kriegerischen Auseinandersetzungen vom Ringen um die wahre Glaubenslehre geprägt, formal werden sie getragen vom Streben der Stände, ihre Macht und Souveränität im Reich zu mehren. Demgegenüber besteht seitens der habsburgischen Kaiser das Ziel, das Reich als religiöse und politische Einheit zu erhalten.

1618–1623 **Böhmisch-Pfälzischer Krieg**

1618
23. Mai Ständischer Aufstand in Prag wegen der Verletzung des Majestätsbriefes von 1609. **„Prager Fenstersturz"**: Die kaiserlichen Statthalter Jaroslaw von Martinitz (* 1582, † 1649) und Wilhelm von Slavata (* 1572, † 1652) werden aus einem Fenster im Hradschin gestürzt, aber nicht getötet.

22. Aug. Absetzung des böhmischen Königs Ferdinand (seit 29. Juni 1617).

26./27. Aug. Wahl des Führers der Union, des Kurfürsten **Friedrich V. von der Pfalz** (* 1596, † 1632), zum König von Böhmen. Indem er im Herbst in Prag gekrönt wird und dort seine Residenz nimmt, wird der innerhabsburgische Konflikt zu einer Reichsangelegenheit.

1619–1637 Kaiser **Ferdinand II.** (seit 28. Aug. 1619). Gegen Friedrich V. von der Pfalz verbündet er sich mit Herzog Maximilian I. von Bayern (* 1573, † 1651), dem Haupt der Liga.

1620 8. Nov. In der **Schlacht am Weißen Berge** bei Prag wird das böhmische Heer unter Christian von Anhalt (* 1586, † 1630) geschlagen; Friedrich V. („Winterkönig") flüchtet; über ihn wird die Reichsacht verhängt, und er verliert die Kurwürde.

1621 Böhmen und seine Nebenländer werden den habsburgischen Erblanden fest einverleibt, in denen der absolutistische Staatsbildungsprozeß voranschreitet (unteilbare erbliche Gesamtmonarchie mit Primogenitur-Erbfolge laut Testament Ferdinands II. vom 10. Mai 1621). Im Reich löst sich die Union auf. Herzog Maximilian I. von Bayern erhält die pfälzische Kurwürde und die Oberpfalz als Pfandbesitz.

1625–1629 **Dänisch-Niedersächsicher Krieg**

1625 Der große Organisator und wohl hervorragendste Militär seiner Zeit, **Albrecht von Wallenstein** (Waldstein, * 1583, † 1634, aus protestantischer, tschechisch-böhmischer Adelsfamilie, seit 1606 katholisch), stellt dem Kaiser ein eigenes Söldnerheer zur Verfügung, das nach neuen Grundsätzen unterhalten wird. Wallenstein erhält den Oberbefehl über alle kaiserlichen Truppen im Reich und wird zum Dank für mehrfache tatkräftige Parteinahme zum Herzog von Friedland erhoben. Mit einer beachtlichen Streitmacht tritt König Christian IV. von Dänemark (* 1577, † 1648; 1588–1648), in seiner Eigenschaft als

Herzog von Holstein, als Oberster des Niedersächsischen Reichskreises an die Spitze der Protestanten.

1626 Sieg der Liga unter Tilly bei Lutter am Barenberge in der Nähe von Salzgitter über Christian IV. und **Sieg Wallensteins** über Ernst von Mansfeld an der Elbbrücke bei Dessau, woraufhin die vereinigten Heere Tillys und Wallensteins **Norddeutschland** unterwerfen.

1629 Kaiser Ferdinand II. auf dem Höhepunkt seiner Macht. Mit
6. März dem **Restitutionsedikt** wird die Rückgabe aller seit dem Passauer Vertrag von den Protestanten eingezogenen geistlichen Güter verfügt und die „Declaratio Ferdinandea" für ungültig erklärt.

1630–1635 **Schwedischer Krieg**

1630 Auf dem **Kurfürstentag zu Regensburg** erzwingt Maximilian I. von Bayern, der im kaiserlichen Machtanstieg eine Gefahr für den Reichsfürstenstand sieht, die Entlassung Wallensteins.

1631 Tillys Truppen erobern Magdeburg, werden aber bei Breitenfeld in der Nähe Leipzigs von schwedischen Truppen besiegt.

1632 Wallenstein tritt sein zweites Generalat „in absolutissima forma" an, nachdem der protestantische Schwedenkönig **Gustav II. Adolf** (* 1594, † 1632) bis Süddeutschland vorgedrungen und Tilly in der Schlacht bei Rain am Lech ums Leben gekommen ist.

6. Nov. Auf dem Marsch nach Norden kommt es bei Lützen unweit Breitenfeld zur unentschiedenen Schlacht, in der **Gustav II. Adolf fällt**.

1633 Zusammenschluß der protestantischen Reichsstände im Heilbronner Bund unter Führung des schwedischen Reichskanzlers Axel Oxenstjerna (* 1583, † 1654).

1634 **Absetzung und Ächtung Wallensteins**, der sich mit weitreichenden Macht- und Friedensplänen hinter dem Rücken des Kaisers trägt; Ermordung in Eger (25. Febr.) in Ausführung kaiserlicher Befehle. Nach der Niederlage der protestantischen Truppen (unter Beteiligung schwedischer Kontingente) bei Nördlingen in Bayern löst sich der Heilbronner Bund auf.

1635 **Friede zu Prag** zwischen dem Kaiser und Kursachsen. Konfessionspolitische Bestimmungen: Ausschluß des Calvinismus, Fixierung des katholischen und evangelischen Besitzstandes auf 40 Jahre nach dem Stand von 1627, kaiserlicher Verzicht auf Durchführung des Restitutionsediktes von 1629, paritätische Besetzung des Reichskammergerichts; territorialpolitische Bestimmungen: Pfälzische Eroberungen bleiben bei Bayern, die Lausitzen und Magdeburg fallen an Kursachsen; verfassungsrechtliche Bestimmungen: Die pfälzische Kurwürde bleibt bei Bayern, der Kaiser erhält den Oberbefehl über eine Reichsarmee zum gemeinsamen Kampf gegen die Schweden. Fast alle Reichsstände schließen sich dem Frieden in der Folgezeit an. Die gestärkte Position des Kaisers zeigt sich bei der Römischen Königswahl seines Sohnes, Ferdinands III. (22. Dez. 1636). Die weitere internationale Ausdehnung der kriegerischen Handlungen verfolgt das Ziel der Schwächung des Hauses Habsburg.

1635–1648 **Schwedisch-Französischer Krieg**

1635 Das sich abzeichnende Kriegsende widerspricht den Zielen des französischen Kardinals Richelieu, der daher zur direkten, militärischen Kriegsteilnahme übergeht.
Kiegserklärung Frankreichs an Spanien und an Kaiser Ferdinand.

1643 19. Mai Ein französisches Heer vernichtet die spanische Armee.

1637–1657 Kaiser **Ferdinand III.** (* 1608, † 1657; 1625 ungarischer, 1627 böhmischer König)

1648 Frieden von Münster und Osnabrück.

Der Westfälische Friede von 1648: Das den Dreißigjährigen Krieg beendende **Friedenswerk** besteht aus europäischen Friedensschlüssen, aus einem revidierten Religionsfrieden für das Reich und aus umfassenden Regelungen der Verfassungsverhältnisse des Reiches.
Indem Schweden und Frankreich über ihre Erwerbungen hinaus zu Garan-

tiemächten des gesamten Friedenswerkes werden, wird das Ausmaß der ausländischen Einwirkungen auf das Reich als Völkerrechtsobjekt betont. Grundlage für die Ordnung der konfessionellen Rechts- und Besitzverhältnisse wird der Augsburger Religionsfriede von 1555, der präzisiert wird, um Auslegungsstreitigkeiten weitgehend auszuschalten. Als Norm für den konfessionellen Besitz- und Bekenntnisstand gelten die Zustände des Jahres 1624, womit die Streitigkeiten über die Verbindlichkeit von Geistlichem Vorbehalt und Declaratio Ferdinandea beendet werden.
Für die Rheinpfalz wird eine **achte Kurwürde** eingerichtet, nachdem Bayern die von ihm erworbene bestätigt worden ist; auch die Oberpfalz bleibt bei Bayern. – Für die Zukunft des Reiches noch sehr viel bedeutsamer wird das völkerrechtlich gesicherte **Alleinvertretungsrecht** der Reichsstände. Ihnen werden Mitbestimmung in allen Reichsangelegenheiten, volle Landeshoheit in geistlichen und weltlichen Angelegenheiten und das Bündnisrecht untereinander und mit ausländischen Mächten zuerkannt (Ius foederum), allerdings unter dem Vorbehalt, daß sie ihre Verpflichtungen gegenüber Kaiser und Reich nicht verletzen und sich ihre Bündnisse nicht gegen Kaiser und Reich richten.
In dem Maße, in dem alle modernen staatlichen Funktionen von der Genehmigung durch die Reichsstände abhängig gemacht werden, werden Kaiser und Reich auf den Gebieten Außenpolitik und Wehrhoheit (Ius pacis ac belli) entscheidend eingeschränkt. Grundprobleme der Reichsverfassung wie die Königs- und Kaiserwahl, die Verfassung der Reichskreise, das Reichssteuerwesen und die Reichsgerichtsbarkeit bleiben im Westfälischen Frieden unerörtert. Während die „Entwicklungsverspätung" des Reiches in einem international garantierten Reichsgrundgesetz verfassungsrechtlich verankert wird, stärken dieselben Bestimmungen das **Prinzip der „teutschen Libertät"** und geben den Reichsterritorien die Chance, sich zu modernen Staaten zu entwickeln und als absolute Fürstenstaaten mit denen gleicher Ausgestaltung in Europa zu konkurrieren.

Folgen des Dreißigjährigen Krieges: Die Kriegsauswirkungen lassen sich bis heute nicht hinreichend vollständig beschreiben, da sie sich in ihren Verheerungen nicht gleichmäßig über das Reich verteilen. Neben großen, vom Krieg völlig verschonten Gebieten mit einer nahezu ungestörten Weiterentwicklung gibt es andere mit nicht selten mehrfach wiederholten

Zerstörungen, Verlusten und Ausplünderungen. Insgesamt muß man von einem **Rückgang der Bevölkerung** von bis zu 50 % in ländlichen und bis zu 30 % in städtischen Gebieten ausgehen. Die Konsequenz ist eine starke soziale Umschichtung mit weitgehenden Veränderungen der Wirtschaftsstruktur: Verringerung landwirtschaftlicher Anbauflächen und des Viehbestandes, Rückgang von Handel und Gewerbe, Besitzumschichtungen infolge von Verschuldungen.

Das Reich vom Westfälischen Frieden bis zur Französischen Revolution (1640/48–1789/92)

Das Jahr 1648 markiert das Ende einer zusammenhängenden Reichsgeschichte. Dennoch bleibt das Reich in der Summe seiner größeren, mittleren und kleinen Territorien als Völkerrechtssubjekt bestehen und behält vor allem für die mittleren und kleinen Reichsstände seine Bedeutung, nicht zuletzt als schützende Rechtsgemeinschaft durch das Reichskammergericht.

1640–1688 **Friedrich Wilhelm** von Brandenburg, der Große Kurfürst (* 1620, † 1688), nutzt als erster die rechtlichen Möglichkeiten, die den Territorien mit Westfälischem Frieden, Jüngstem Reichsabschied (1654) und Wahlkapitulation Leopolds I., gegeben sind. Er schafft die Grundlage für den Aufstieg Brandenburg-Preußens durch die Errichtung eines stehenden Heeres, Zentralisation der Verwaltung und Einschränkung des traditionellen Steuerbewilligungsrechtes der Landstände.

1649–1651 Nürnberger Exekutionstag zur Ausführung der Bestimmungen des Friedensvertrages von 1648. **Wahl Ferdinands IV.** (* 1633, † 1654; seit 1646 König von Böhmen, 1647 von Ungarn) **zum Römischen König**, mit der Ferdinand III. den Habsburgern die Kaiserkrone weiterhin sichern will.

1653–1654 **Regensburger Reichstag**

1654 17. Mai Der Reichstagsabschied erlangt als **„Jüngster Reichsab-**

schied“ (letzter Abschied eines Reichstages, danach nur noch Reichsschlüsse [Conclusa Imperii]) Bedeutung für die Reichsverfassungsgeschichte. Entscheidend für die Zukunft wird die Verpflichtung der Untertanen und Landstände in den reichsständischen Territorien auf ihren Beitrag zur militärischen Organisation des Reiches (Kreishilfen) und Unterhaltung der Garnisonen und Festungen der Reichsstände. Damit wird die **Errichtung stehender Heere** in den Territorien ermöglicht, und zwar ohne besondere Bewilligung der dazu notwendigen Mittel durch die Landstände.

1656 Der Große Kurfürst erlangt nach den Landgewinnen im Westfälischen Frieden durch zweimaligen Parteiwechsel im Vertrag von Labiau (Nov.; nordöstlich von Königsberg)
1657 Sept. von den Schweden und im Vertrag von Wehlau (östlich von Königsberg) von Polen die Anerkennung seiner **Souveränität** im Herzogtum Preußen.

1658–1705 Kaiser **Leopold I**. (* 1640, † 1705)
In seiner Wahlkapitulation muß er auf Drängen Kurbrandenburgs den Territorialfürsten erhebliche Zugeständnisse machen, die eine Weiterentwicklung des frühmodernen Staates in den Territorien garantieren: U. a. wird den Landständen jede Disposition über Landessteuern entzogen, jedes Selbstversammlungsrecht genommen und die Anrufung von Reichsgerichten in diesen Punkten verboten.

1660 3. Mai Der **Friede von Oliva** zwischen Schweden einerseits, Polen, Österreich und Kurbrandenburg andererseits bestätigt die Souveränität des Großen Kurfürsten im Herzogtum Preußen, während Westpreußen in polnischem, Vorpommern in schwedischem Besitz bleiben.

Die antihabsburgische Opposition im Reich, verstärkt durch den Beitritt Sachsens und Bayerns, und die neuerliche Bedrohung Österreichs durch die Türken zwingen
1663–1664 Leopold zur Einberufung eines neuen Reichstages nach Regensburg, der sich zum **immerwährenden Gesand-**

tenkongreß entwickelt, auf dem die Reichsstände nicht mehr persönlich erscheinen.

1663–1664 Türkenkrieg.

1675 28. Juni Der Große Kurfürst siegt über die Schweden bei **Fehrbellin** (nordwestlich von Berlin) und erobert Schwedisch-Pommern.

1679–1684 Die **französische Reunionspolitik** verfolgt das Ziel, die angestrebte Grenze mit dem Reich lückenlos zu schließen und Frankreich unangreifbar zu machen. Die sich auf mittelalterliches Lehnsrecht stützenden Reunionen (Aneignung von Gebieten, die von den vom Reich an Frankreich abgetretenen Territorien früher einmal abhängig waren) erweisen sich als Annexionen auf dem Rechtsweg.

1679 29. Juni Im **Frieden von Saint-Germain-en-Laye** muß der Große Kurfürst auf Schwedisch-Vorpommern verzichten. Im Bündnis mit Frankreich zur Unterstützung von dessen Politik gegen das Reich wird eine wichtige politische Neuorientierung Brandenburgs deutlich: Ziel ist der Erwerb Stettins und der Odermündung mit Hilfe Frankreichs; dafür will der Große Kurfürst eine bourbonische Bewerbung um die Kaiserwürde unterstützen.

1681 **Das Reich verliert die Reichsstadt Straßburg**, die die französische Oberhoheit anerkennt. Von der Kanalküste bis nach Freiburg im Breisgau entsteht damals ein neu angelegtes französisches Fortifikationssystem (Festungsbauer: Sébastien le Prestre de Vauban, * 1633, † 1707).

1683–1699 Türkenkrieg

1683 Zweite Türkenbelagerung Wiens. Der Entsatz der Stadt durch den Sieg der vereinigten kaiserlichen, bayrischen, sächsischen, polnischen und der Reichskreis-Truppen

12. Sept. am **Kahlenberg** eröffnet den Angriffskrieg gegen die Osmanen.

Die Wiener Entscheidung für die Fortsetzung des neuen

1684 Türkenkrieges und die Erneuerung des Französisch-Brandenburgischen Bündnisses führen zum **Regensburger Stillstand**, in dem das Reich und Spanien (durch den Kaiser vertreten) den französischen Besitz aller seit dem 1. Aug. 1681 reunierten Gebiete sowie der Stadt Straßburg und Luxemburgs vorläufig auf 20 Jahre anerkennen.

1685 Mit dem **Edikt von Potsdam** beantwortet der Große Kurfürst die von der Aufhebung des Ediktes von Nantes (1685) in Frankreich ausgelöste Verfolgung der Hugenotten und leitet seinen erneuten politischen Frontwechsel in Europa ein.

1686 Nach der Bereitstellung eines Kontingentes von 8000 Brandenburgern tritt Friedrich Wilhelm durch einen Geheimvertrag auf die Seite des Kaisers und sichert ihm Hilfe gegenüber Ludwig XIV. zu.

1688–1697 Sogenannter **Pfälzischer Krieg** infolge des pfälzischen Erbstreites nach dem Aussterben des Hauses Pfalz-Simmern im Mannesstamm (1685 starb Kurfürst Karl). Ludwig XIV. (* 1643, † 1715) beansprucht für seine Schwägerin Liselotte von Orléans (Elisabeth Charlotte von der Pfalz) u. a. die Grafschaft Simmern und Teile der Grafschaft Sponheim.

1688 Entschluß des Kaisers zum Kampf im Westen trotz des gleichzeitigen Türkenkrieges (Zweifrontenkrieg). – **Kriegserklärung** des Regensburger Reichstages **an Frankreich**. – Verstärkung der antifranzösischen Stimmung im Reich angesichts der Gewalttaten und großen

1690 Zerstörungen an Rhein und Mosel. Diese Entwicklung begünstigt die **Wahl Josephs I. zum Römischen König** (Sohn Leopolds I.; seit 1687 König von Ungarn).

1692 März Ein Kurtraktat führt zur **Einrichtung einer neunten Kurwürde**. Herzog Ernst August von Braunschweig-Lüneburg-Calenberg vergrößert sein Territorium, weist auf die Schwächung der Protestanten im Kurkolleg (seit Kurpfalz katholisch ist) hin und fordert für sich und sein Haus eine neue Kur.

1697 **Friede von Rijswijk**. Zwar verzichtet Frankreich u. a. auf Freiburg, die Reunionen, die rechtsrheinischen Brückenköpfe, aber es erhält die endgültige Anerkennung seines Besitzes Elsaß einschließlich Straßburgs.

Kurfürst Friedrich August I. von Sachsen (1694–1733; *1670, †1733) wird bei einer Doppelwahl König August II. von Polen (August der Starke; 1697–1706 und 1709–1733), nachdem er zum katholischen Glauben übergetreten ist.

1699 26. Jan. **Friede von Karlowitz** (nordwestlich von Belgrad), in dem die habsburgische Herrschaft über Ungarn, Siebenbürgen sowie große Teile Slawoniens und Kroatiens bestätigt wird.

Österreich ist zur Großmacht emporgestiegen. – Prinz Eugen (*1663, †1736), von Ludwig XIV. abgewiesen, ist in kaiserlichem Dienst tätig. 1697 Oberbefehlshaber, von 1703 bis zum Tode Präsident des Hofkriegsrates, erwirbt er sich dank seiner militärischen und politischen Fähigkeiten außerordentliche Autorität.

1700 Kurfürst Friedrich III. von Brandenburg (*1657, †1713) erreicht eine Rangerhöhung als äußere Anerkennung der vom Großen Kurfürsten erreichten Macht durch die Er-

---

Herrscher des Hauses HOHENZOLLERN

Friedrich Wilhelm	Kft. 1640	† 1688
Friedrich I. (III.)	Kft. 1688, Kg. in Preußen 1701	† 1713
Friedrich Wilhelm I.	Kg. 1713	† 1740
Friedrich II.	Kg. 1740	† 1786
Friedrich Wilhelm II.	Kg. 1786	† 1797
Friedrich Wilhelm III.	Kg. 1797	† 1840
Friedrich Wilhelm IV.	Kg. 1840	† 1861
Wilhelm I.	Reg. 1858, Kg. 1861, Dt. Ks. 1871	† 1888
Friedrich (III.), † 1888	Dt.Ks. 1888	
Wilhelm II.	Dt.Ks. 1888–1918	† 1941

halbfett: Könige in (von) Preußen, dann Deutsche Kaiser

nennung zum König Friedrich I. in Preußen (18. Jan. 1701 Krönung in Königsberg).

1701–1713 König **Friedrich I.** in Preußen (nicht von Preußen mit Rücksicht auf den polnischen Besitz Westpreußens). Der Krontraktat vom 16. Nov. 1700 verpflichtet ihn zur politischen und militärischen Unterstützung des Kaisers.

1701–1714 Kampf der um Österreich und England gruppierten Haager Allianz (7. Nov. 1701) gegen Frankreich im **Spanischen Erbfolgekrieg**. Von den Reichsständen kann Ludwig XIV. nur Bayern und Kurköln auf seine Seite ziehen. Im Herbst erfolgt die Reichskriegserklärung an Frankreich. Eine einheitliche Kriegführung des Reiches kommt nicht zustande. – Die Neutralität Brandenburg-Preußens im gleichzeitigen **Nordischen Krieg** (1700–1721) verhindert eine Verknüpfung der Kriege im Westen und Osten Europas.

1705–1711 Kaiser **Joseph I.** (* 1678, † 1711). Er setzt die Reichsacht-Erklärung gegen die wittelsbachischen Kurfürsten von Bayern und Köln durch, gerät aber in Gegensatz zu den größeren Reichsfürsten, als er sich um eine Restauration des Kaisertums bemüht.

1711–1740 Kaiser **Karl VI.**, Bruder Josephs I. (* 1685, † 1740). Seine Wahl (12. Okt. 1711) kann Ludwig XIV. wegen des Ausschlusses der wittelsbachischen Kurfürsten nicht verhindern.

1713 19. April Karl VI. verkündet im Augenblick des Friedens von Utrecht (April 1713) die **Pragmatische Sanktion** (habsburgisches Erbfolgegesetz): Seine künftigen Kinder (auch Töchter) sollen den Vorrang vor den Töchtern seines verstorbenen Bruders Joseph haben. Da Karl nach dem frühen Tode eines Sohnes selbst nur Töchter besitzt, gilt deren älteste, Maria Theresia, als Erbin. Der Kaiser erreicht die Zustimmung der Erbländer, Ungarns und nach mühevollen Verhandlungen auch der europäischen Großmächte und des Reiches.

1713–1740 **Friedrich Wilhelm I.**, König in Preußen (* 1688,

† 1740), Sohn König Friedrichs I. Er schafft durch strengste Sparsamkeit und größten Fleiß einen gut verwalteten, absoluten Militär- und Beamtenstaat (Soldatenkönig). Seine Untertanen nimmt er mit aller Härte in die Pflicht und erzieht sie zu unbedingter Subordination; außenpolitisch ist er kaum engagiert.

1714 Der **Friede von Rastatt** (7. März) zwischen dem Kaiser und Frankreich beendet die letzten Kampfhandlungen des Spanischen Erbfolgekrieges am Oberrhein.

1719 Hannover erhält im Zuge der Beendigung des Nordischen Krieges im Ersten Frieden von Stockholm die schwedischen Herzogtümer Bremen und Verden.

1720 Brandenburg-Preußen erhält im Zweiten Stockholmer Frieden das lang erstrebte Vorpommern bis zur Peene und damit die Odermündung mit Stettin.

Das Reich als Ganzes tritt politisch so gut wie gar nicht in Erscheinung und findet auf dem Regensburger Reichstag kaum zu Gemeinsamkeiten.

1740–1786 **Friedrich II. der Große** (* 1712, † 1786), als Sohn Friedrich Wilhelms I. preußischer König. Bedeutendster und geistvollster Fürst des aufgeklärten Absolutismus, Feldherr und Staatsmann, bekennt sich als „premier serviteur de l'Etat“ (erster Diener des Staates), „Philosoph“ im Sinne des 18. Jh.s und der französischen Bildung.

1740–1780 In Österreich folgt ihrem Vater Karl VI. **Maria Theresia** (* 1717, † 1780), Königin von Ungarn (1741) und Böhmen (1743), Erzherzogin von Österreich, vermählt mit Franz Stephan von Lothringen (* 1708, † 1765), seit 1737 Großherzog von Toskana, Mitregent der österreichischen Erblande, 1745 Kaiser Franz I. Stephan.

1740–1748 **Österreichischer Erbfolgekrieg** um die Geltung der Pragmatischen Sanktion von 1713. Der Krieg wird ausgelöst durch den **Einmarsch** Friedrichs II. des Großen **in Schlesien**, einen Schritt, der, diplomatisch nicht vorbereitet und mit Rechtsgründen nicht zu stützen, die preußische Politik auf Jahrzehnte hinaus bindet, neue Gegensätze entstehen läßt und in weltweite Auseinandersetzungen hineinführt.

1740–1742 **Erster Schlesischer Krieg**: Friedrich II. besetzt Schlesien, zieht in Breslau ein, schließt nach weiteren preußischen Erfolgen ein Bündnis mit Frankreich, das zusammen mit Bayern und Sachsen in den Krieg eingreift. Kurfürst Karl Albrecht von Bayern, nach der Erstürmung Prags mit Hilfe französischer und sächsischer Truppen (1741) König von Böhmen, wird nach eineinvierteljähri-

1742–1745 ger Thronvakanz als **Karl VII.** zum Römischen **Kaiser**

1742 gewählt. – Im Frieden von Breslau tritt Österreich Ober- und Niederschlesien sowie die Grafschaft Glatz an Preußen ab und gewinnt dadurch Kräfte zum Kampf gegen Bayern und Franzosen. Der Kurfürst und Kaiser Karl werden aus Bayern vertrieben. Großbritannien greift an der Seite Österreichs in den Krieg ein.

1744 Neues Bündnis Friedrichs II. mit Frankreich. Als die Österreicher über den Rhein marschiert sind, rückt Friedrich in Böhmen ein und löst den **Zweiten Schlesischen Krieg** aus.

1745 Tod Kaiser Karls VII. (20. Jan.) – Sein Nachfolger in Bayern, Maximilian III. Joseph (1745–1777; *1727, †1777) verzichtet freiwillig auf die Kaiserkrone und schließt mit Österreich den Frieden zu Füssen (22. April). Im Frieden von Dresden (25. Dez.) wird Friedrich II. der Besitz von Schlesien bestätigt; dafür erkennt er den Gemahl Maria Theresias als Kaiser an.

1745–1765 Kaiser **Franz I. Stephan** (*1708, †1765).

1748 18. Okt. **Friede von Aachen** zwischen Frankreich und den Seemächten (England/Holland), dem Österreich beitreten muß. Die Pragmatische Sanktion von 1713 wird anerkannt, der preußische Besitz von Schlesien und Glatz bestätigt.

Wenzel Anton Graf von Kaunitz (*1711, †1794) wird österreichischer Staatskanzler und damit bedeutendster Politiker Wiens für mehr als drei Jahrzehnte.

Herrscher des Hauses HABSBURG-LOTHRINGEN

Franz I. Stephan; Hz. v. Lothringen, Ghz. v. Toscana 1737,	als Ks. **Franz I.** 1745 ∞ Maria Theresia, † 1780	† 1765
Joseph II.	Ks. 1765	† 1790
Leopold II. Ghz. v. Toscana	Ks.1790	† 1792
Franz II. (I.)	Ks. 1792 abged. 1806 Ks. v. Österreich 1804	† 1835
Ferdinand I.	Ks. v. Österreich 1835 abged. 1848	† 1875
Franz Joseph I.	Ks. v. Österreich 1848	† 1916
Karl I.	Ks. v. Österreich 1916 abged. 1918	† 1922

halbfett: Römisch-deutsche Kaiser, dann Kaiser von Österreich

1756/1757 Kaunitz erreicht ein Defensiv- (1. Mai 1756), dann ein Offensivbündnis (1. Mai 1757) zwischen Frankreich und Österreich mit dem Ziel der Rückgewinnung Schlesiens als Folge der Westminsterkonvention (16. Jan. 1756) zwischen Preußen und Großbritannien (Verpflichtung zu gemeinsamer Abwehr jedes Angriffs einer fremden Macht im Reich); grundlegende Veränderung der Bündnisse in Europa. Rußland, das Preußen durch einen Angriff schwächen will und mit Österreich seit 1746 verbündet ist, einigt sich mit diesem über die geplante Offensive. Friedrich II.

1756 von Preußen kommt dem Angriff seiner Gegner zuvor, indem er überraschend und ohne Kriegserklärung in Sachsen einrückt (29. Aug.).

1756–1763 **Siebenjähriger Krieg**. Er hat zwei Schwerpunkte: 1. Kampf Preußens um Schlesien und um seine Existenz (Dritter Schlesischer Krieg) gegen Österreich, Rußland, Frankreich, Schweden und die Mehrzahl der Reichsfürsten (Anfang 1757 beschließt eine Reichstagsmehrheit auf Drängen Österreichs und Frankreichs eine Reichsbewaffnung und Exekution gegen Preußen; sie findet auch

Unterstützung bei protestantischen Reichsständen); seit 1758 Preußisch-Britisches Subsidienbündnis; 2. Kampf zwischen Großbritannien und Frankreich um die Kolonien.

1757 Sieg Friedrichs II. bei Prag über das Heer Karls von Lothringen (6. Mai); Niederlage bei Kolin (an der Elbe in Mittelböhmen) am 18. Juni; Siege bei Roßbach (südlich von Halle) über Franzosen und Reichsarmee sowie bei Leuthen (westlich von Breslau) über die Österreicher (5. Dez.).

1758 Auf den preußischen Sieg bei Zorndorf (nördlich von Küstrin) über die Russen (25. Aug.) folgt die Niederlage bei Hochkirch (im Lausitzer Bergland) gegen die Österreicher (14. Okt.). – Die Russen besetzen Ostpreußen, das der Zarin Elisabeth huldigt.

1759 Schwerste **Niederlage** Friedrichs II. **bei Kunersdorf** (östlich von Frankfurt/Oder) gegen die Österreicher und die Russen (12. Aug.). Eine Reichsarmee erobert Dresden. Danach befindet sich der Preußenkönig nur noch in

1760 der Verteidigung, siegt aber bei Liegnitz (15. Aug.) und Torgau (3. Nov.), verliert die britischen Subsidien, kämpft mit letzten Kräften, verzichtet aber auf Schlesien nicht. Eine für Preußen günstige Wendung („Mirakel" des Hau-

1762 ses Brandenburg) bringt der Thronwechsel in Rußland: Nach dem Tod der Zarin Elisabeth (5. Jan.) schließt ihr Nachfolger Peter III. Frieden mit Preußen (5. Mai) unter Verzicht auf jeden Gewinn und geht dann sogar ein Bündnis ein (19. Juni), das freilich nicht von langer Dauer ist.

1763 15. Febr. **Friede von Hubertusburg** (bei Leipzig) zwischen Österreich, Preußen und Sachsen: Preußen behält Schlesien und Glatz und begründet damit erneut seine Stellung als Großmacht. Friedrich II. gibt die Zusage, Erzherzog Joseph zum Römischen König zu wählen (27. März 1764).

1765–1790 Kaiser **Joseph II**. (* 1741, † 1790), in den österreichischen Ländern bis 1780 nur Mitregent seiner Mutter Maria Theresia, dann auch König von Böhmen und Ungarn.

1772 5. Aug.	Vertrag zwischen Preußen, Österreich und Rußland auf Kosten Polens. **Erste Teilung Polens:** Preußen erwirbt Ermland und Westpreußen ohne Danzig und Thorn. Österreich erhält Galizien.
1786	Tod Friedrichs des Großen. – Nachfolger wird sein Neffe:
1786–1797	**Friedrich Wilhelm II**. (* 1744, † 1797).
1790 **1790–1792**	Tod Josephs II. Sein Nachfolger, Großherzog Leopold I. von Toskana (1765–1790), als Kaiser **Leopold II.** (* 1747, † 1792), trägt noch vor der Kaiserwahl (30. Sept. 1790) durch seine Zustimmung zur **Konvention von Reichenbach** (Niederschlesien) zum Ausgleich zwischen Österreich und Preußen bei (27. Juli).

Von der Französischen Revolution bis zum Ende des Deutschen Bundes (1789/92–1866)

Deutschland und die Revolution (1789/92–1815)

Die Französische Revolution von 1789 übt eine starke Wirkung aus. Von der deutschen Intelligenz wird sie in ihren freiheitlichen Prinzipien begrüßt, in ihren terroristischen Konsequenzen jedoch abgelehnt. Die in Deutschland ausbrechenden, meist lokal begründeten Unruhen gewinnen keinen Zusammenhang, und die „**deutschen Jakobiner**" bleiben ohne breite Resonanz.

1792–1806	Kaiser **Franz II.** (* 1768, † 1835: als Franz I. 1804–1835 Kaiser von Österreich)
1792–1797	**Erster Koalitionskrieg**. Österreich und Preußen gegen das revolutionäre Frankreich.
1792 20. Sept.	Die Kanonade von Valmy (Dorf zwischen Reims und Verdun) bringt eine Wende zugunsten der französischen Truppen, die an den Rhein vordringen, Speyer, Worms und Mainz besetzen.

1793	Preußen erzwingt mit Rußland die Zweite Polnische Teilung.
1794	Inkrafttreten des Allgemeinen Landrechts für die preußischen Staaten. Bestimmt vom Geist der Aufklärung, hat es die Errichtung von Rechtsstaat und Staatsbürgergesellschaft zum Ziel, bestätigt aber die altständische Gesellschafts- und Eigentumsordnung.
1795	Österreich und Preußen führen im Bund mit Rußland die Dritte Polnische Teilung durch. Im **Frieden von Basel** scheidet Preußen aus dem Krieg gegen Frankreich aus, Norddeutschland wird neutralisiert.
1797–1840	König **Friedrich Wilhelm III.** von Preußen (* 1770, † 1840).
1799–1802	**Zweiter Koalitionskrieg** unter Teilnahme Österreichs gegen Frankreich; Preußen bleibt neutral.
1801	Der **Friede von Lunéville** (Frankreich-Österreich) gilt auch für das Reich: De-jure-Abtretung des linken Rheinufers. Die dort „depossedierten" Fürsten sollen im rechtsrheinischen Reichsgebiet entschädigt werden.

Der Reichsdeputationshauptschluß: Durch diesen werden die politischen und rechtlichen Grundlagen des alten Reichs zerstört. Zahlreiche Kleinstaaten werden aufgehoben, indem fast sämtliche geistlichen Herrschaften säkularisiert und viele kleinere Territorien mediatisiert werden. **Säkularisation** und **Mediatisierung** zerstören die letzten Grundlagen kaiserlicher Macht im Reich und stärken die mit Frankreich verbündeten Mittelstaaten.

1804	Kaiser Franz II. nimmt den **Titel eines erblichen Kaisers von Österreich** an.
1805	**Dritter Koalitionskrieg:**
2. Dez.	Sieg Kaiser Napoleons (Napoléon Bonaparte; * 1769, † 1821) gegen österreichische (Kaiser Franz I.) und russische (Zar Alexander I.; * 1777, † 1825) Truppen in der **Dreikaiserschlacht** bei Austerlitz (östlich von Brünn).
26. Dez.	Friede von Preßburg: Österreich tritt Tirol, Vorarlberg,

	Eichstätt, Passau, Burgau, Brixen und Trient an Bayern ab. Bayern und Württemberg werden Königreiche.
1806	**Errichtung des Rheinbundes**: 16 süd- und westdeutsche Fürsten treten aus dem Reich aus und gründen in Paris unter Napoleons Protektorat den Rheinbund (bis 1811 weitere 20).
	Kaiser Franz II. legt auf ein Ultimatum Napoleons hin die Römisch-Deutsche Kaiserwürde nieder. Nun auch formales **Ende des Heiligen Römischen Reichs Deutscher Nation.**
	Preußen, mit Sachsen und Rußland verbündet, fordert ultimativ den Abzug französischer Truppen rechts des Rheins und die Auflösung des Rheinbunds. Diese Konfrontation führt zum **Vierten Koalitionskrieg**.
14. Okt.	Preußische Niederlage in der Doppelschlacht bei Jena und Auerstedt (in Thüringen).
1807 7.–9. Juli	**Friede von Tilsit**: Preußen auf Ost- und Westpreußen (ohne Danzig), Brandenburg (östlich der Elbe), Pommern und Schlesien beschränkt.
1807–1815	Reformen in Preußen.

Preußische Reformen: Die durch das Allgemeine Landrecht von 1794 vorbereiteten preußischen Reformen werden als „Revolution von oben" in Gang gesetzt durch den leitenden Minister Reichsfreiherr Karl vom und zum Stein (* 1757 zu Nassau, seit 1780 im preußischen Staatsdienst, 1804 Minister, † 1831) bis 1808 und fortgesetzt durch Karl August Freiherr (1814 Fürst) von Hardenberg (* 1750, 1790–1803 leitender Minister für Ansbach-Bayreuth, 1804–1806 preußischer Außenminister, † 1822), von 1810 ab: Aufhebung der persongebundenen Erbuntertänigkeit der Bauern durch das Edikt von 1807 sowie der bodengebundenen Grundherrschaft über die Vollbauern 1811/1816. Selbstverwaltung der Stadtbürger durch die Städteordnung von 1808. Reform der Ministerien und Verwaltungsbehörden, statt Kabinettsregierung und Generaldirektorium ein einheitliches Staatsministerium. Nach Steins auf Verlangen Napoleons erfolgter Entlassung (1808) Fortführung der Reformen: 1810 Einführung der Gewerbefreiheit, 1810–1812 Steuerreform, 1812 Edikt betreffend die bürgerlichen Verhältnisse der Juden (staatsbürgerliche Gleichstellung). Bildungsreform unter Wilhelm von Humboldt (* 1767, † 1835; 1809/1810 Sektionschef für Kultus und Unterricht im Innenministerium): Ausbau der Volksschulen und der Lehrerbildung, des Gymnasiums und Reform der Universität. – Insgesamt legen die preußischen Reformen den Grund für den Wandel von absolutistisch regierten, vereinigten Ländern mit adligen Ständen zum **staatsbürgerlichen Rechts- und Industriestaat**, bleiben jedoch in wesentlichen Bestandteilen unvollendet.

1809	**Fünfter Koalitionskrieg**. Krieg Österreichs gegen Frankreich als beabsichtigter Auftakt einer deutschen Erhebung gegen Napoleon, die nur in Ansätzen in Gang kommt: Aufstand der Tiroler (Andreas Hofer, * 1767, † 1810, in Mantua erschossen) gegen Bayern.
14. Okt.	Im Frieden von Schönbrunn wird Österreich erheblich geschwächt und danach zusammen mit Preußen vertraglich dem napoleonischen Hegemonialsystem einverleibt.
1812/1813	Denkschriften des Freiherrn von Stein für eine bundesstaatliche Verfassung Deutschlands.
1812 24. Juni	Krieg Napoleons gegen **Rußland**, das aus wirtschaftlichen Gründen die Kontinentalsperre durchbrochen hat.
19. Okt.	Infolge russischen Widerstands gegen einen Frieden **Rückzug der „Großen Armee“** Napoleons, die völlig aufgerieben wird.
30. Dez.	Konvention von Tauroggen: Preußisch-Russischer Neutralitätsvertrag.
1813	Preußische Kriegserklärung an Frankreich (16. März).
12. Aug.	Österreich wird Mitglied der Koalition.
16.–19. Okt.	**Völkerschlacht bei Leipzig** mit Niederlage Napoleons. Der Rheinbund löst sich auf.
1813/1814	Die deutschen **Befreiungskriege** (Niederwerfung Napoleons), im wesentlichen durch reguläre Truppen geführt und entschieden, werden als „Volkskrieg“ begriffen und üben in der Folgezeit eine starke Wirkung auf die deutsche Nationalbewegung aus.
1814 6. April	**Abdankung Napoleons**, Exil auf Elba.

30. Mai **Erster Friede von Paris**: Frankreich wird im wesentlichen auf der Grundlage der Grenzen von 1792 als Großmacht bestätigt.

Nov. **Beginn des Wiener Kongresses** zur Neuordnung des europäischen Staatensystems. Vertreten sind alle europäischen Staaten und Herrschaften mit Ausnahme der Türkei.

1815 1. März **Rückkehr Napoleons** nach Frankreich.
In Belgien werden ein preußisches Heer unter Fürst Gebhard Leberecht Blücher (* 1742, † 1819) und ein deutsch-britisch-niederländisches Heer unter Arthur Wellesley, Herzog von Wellington (* 1769, † 1852), zusammengezogen.

8. Juni **Wiener Kongreßakte**: Österreich tritt Belgien an die Niederlande ab und überläßt den Breisgau sowie das benachbarte Gebiet an Baden und Württemberg. Es erhält zurück: Tirol, Vorarlberg, Kärnten, Krain, Triest, Galizien, Mailand, Venetien, Salzburg, das Innviertel. – Preußen überläßt an Bayern: Ansbach und Bayreuth; an Hannover: Ostfriesland, Hildesheim, Goslar und Lingen; an Rußland: die polnischen Gebiete aus der dritten polnischen Teilung. Es erhält: Schwedisch-Pommern mit Rügen (von Dänemark im Austausch gegen Lauenburg), die Rheinprovinz (Kurtrier, Kurköln, Aachen, Jülich, Berg), eine Vergrößerung Westfalens und fast die Hälfte des Königreichs Sachsen. – An Bayern kommen außer Ansbach und Bayreuth noch die Reichsstädte Augsburg und Nürnberg. Bayern, Sachsen und Württemberg bleiben Königreiche; hinzu kommt ebenfalls als Königreich das frühere Kurfürstentum Hannover.
An die Stelle des früheren Heiligen Römischen Reiches Deutscher Nation tritt der **Deutsche Bund**, gebildet von 37 souveränen Fürsten und vier freien Städten.

18. Juni **Schlacht bei Belle-Alliance** (**Waterloo;** 15 km südlich von Brüssel) mit gemeinsamem Sieg Blüchers und Wellingtons über Napoleon.

20. Nov.	**Zweiter Friede von Paris**: Frankreich tritt u.a. Saarlouis und Saarbrücken an Preußen, Landau an Österreich (weiter an Bayern) ab.

Deutscher Bund: Grundgesetz ist die Bundesakte vom 8. Juni 1815. Oberste Behörde ist der Bundestag in Frankfurt am Main, eine Versammlung von Gesandten der Bundesstaaten unter dem Vorsitz des österreichischen Gesandten. Die Gliedstaaten sind voll souverän nur gegenüber ihren Untertanen, nicht gegenüber dem Bund, aus dem sie nicht austreten dürfen und dessen Mehrheitsbeschlüsse für sie bindend sind. Artikel 13 der Bundesakte verspricht Verfassungseinrichtungen: „In allen Bundesstaaten wird eine landständische Verfassung stattfinden." Die Großmächte **Österreich und Preußen** gehören nicht mit ihrem ganzen Gebiet dem Bund an und sind damit auch außenpolitisch voll souverän.

Der deutsche Vormärz (1815–1847)

Der **Deutsche Bund** steht im Gegensatz zur nationalen und liberal-konstitutionellen Bewegung. Daraus erwächst die Spannung der **deutschen Frage** in den folgenden Jahrzehnten. Leitender Minister in Österreich, der Führungsmacht des Bundes, ist Fürst Clemens von Metternich (* 1773, † 1859, seit 1809 Minister des Auswärtigen, seit 1821 Staatskanzler), der in seiner Innen- und Außenpolitik für die Erhaltung der 1815 für Europa und Deutschland gesetzten Ordnung wirkt **(Metternichsches System)**.

1815	Gründung der Jenaischen Burschenschaft **(Ur-Burschenschaft;** Farben Schwarz-Rot-Gold), die alle deutschen Studenten als Vorbild für die angestrebte liberal-nationale politische Einigung Deutschlands zusammenfassen will.
1817 18. Okt.	**Wartburgfest** der deutschen Burschenschaften zum Andenken an die Reformation und die Leipziger Schlacht.
1818	**Zollgesetz** schließt Preußen zum einheitlichen Wirtschaftsgebiet zusammen.
1819 Aug.	Auf Veranlassung Metternichs faßt eine Ministerkonferenz die **Karlsbader Beschlüsse** des Deutschen Bundes: Vor-

	zensur für Zeitungen und alle Schriften unter 20 Druckbogen; Verbot der Burschenschaften; Entlassung „revolutionär“ gesinnter Lehrkräfte; Überwachung der Universitäten.
1819/1820	Nach einem Konflikt zwischen Wilhelm von Humboldt und Staatskanzler Hardenberg wendet sich Preußen faktisch von der Realisierung des Verfassungsversprechens ab (formell 1821).
1820	Wiener Schlußakte des Deutschen Bundes bestätigt die Souveränität auch der Klein- und Mittelstaaten, proklamiert das monarchische Prinzip.
1828	**Zollvertrag** zwischen Preußen und Hessen-Darmstadt (Kern des späteren Zollvereins).
1830/1831	Nach der französischen Julirevolution Unruhen in mehreren deutschen Bundesstaaten (Braunschweig, Hannover, Sachsen, Kurhessen).
1832 27. Mai	**Hambacher Fest:** Massenkundgebung des süddeutschen radikalen Liberalismus. Der Redakteur Johann Georg August Wirth (* 1798, † 1848) fordert die „vereinigten Freistaaten Deutschlands“ und das „konföderierte republikanische Europa“.
1833	Der **Deutsche Zollverein** schließt unter Führung Preußens die meisten deutschen Staaten mit Ausschluß Österreichs wirtschaftlich zusammen. Der Frankfurter Wachensturm von Studenten und Handwerkern, gedacht als Signal für eine allgemeine Erhebung, wird Anlaß zur Verschärfung des Repressionssystems des Bundes (1834).
1835	**Erste deutsche Eisenbahn**, von Nürnberg nach Fürth.
1835–1848	Kaiser **Ferdinand I.** von Österreich (* 1793, † 1875), der geistig behinderte Sohn von Franz I., überläßt die Regierung **Metternich**.
1837	Die Personalunion zwischen Hannover und Großbritannien löst sich, in Hannover kommt König Ernst August (* 1771, † 1851) auf den Thron und hebt die Verfassung auf. Die **Göttinger Sieben** (Göttinger Professoren) pro-

testieren und werden abgesetzt. Starker Protest in ganz Deutschland.

1839 In Preußen wird die Arbeitszeit für Jugendliche in den Fabriken auf zehn Stunden beschränkt, die Kinderarbeit verboten: **Beginn der preußischen Arbeitsschutzpolitik**.

1840–1861 König **Friedrich Wilhelm IV.** von Preußen (* 1795, † 1861), mit großen Erwartungen begrüßt.

1843 Feier des „Tausendjährigen Bestehens des Deutschen Reiches" (Vertrag von Verdun 843).

um 1847 Der Eisenbahnbau wird einer der wichtigsten Faktoren des industriebestimmten Wirtschaftswachstums.

1845–1847 Infolge von Mißernten: Wirtschafts- und Versorgungskrise.

Die Revolution von 1848/1849

Die Führer der liberalen Opposition in den Abgeordnetenhäusern der Einzelstaaten stellen sich an die Spitze der durch die Februarrevolution in Frankreich angestoßenen Bewegung, die in vielen deutschen Staaten auf eine politische Krise trifft.

1848 Febr./März **Märzrevolution:** Eine badische Volksversammlung bei Offenburg (27. Febr.) fordert Pressefreiheit, Schwurgerichte, Vereinsfreiheit, Volksbewaffnung, ein deutsches Parlament.

Ähnliche Versammlungen finden in Württemberg, Hessen-Darmstadt, Nassau und anderen Staaten statt.

13.–15. März Aufstand in Wien. **Metternich tritt zurück und flieht nach England**.

20. März Infolge wiederholter Unruhen in München dankt König Ludwig I. (seit 1825; * 1786, † 1868) von Bayern zugunsten seines Sohnes Maximilian II. (* 1811, † 1864) ab.

21. März Proklamation König Friedrich Wilhelms von Preußen „An mein Volk und an die deutsche Nation", worin er betont,

	daß er sich zur Rettung Deutschlands an die Spitze des Gesamtvaterlandes stelle.
April	Eine **republikanische Erhebung in Baden** (Friedrich Hecker [* 1811, † 1881], Gustav von Struve [* 1805, † 1870], Georg Herwegh [* 1817, † 1875]) wird von Bundestruppen unter General Friedrich von Gagern (* 1794, † 1848) unterdrückt.
3. April–8. Mai	Der dem Bundestag beigeordnete Siebzehnerausschuß (17 von den Einzelstaaten entsandte Politiker) arbeitet eine **erbkaiserlich-föderativ-konstitutionelle Verfassung** mit Zweikammersystem, Grundrechtskatalog und Verfassungsgewähr aus, deren Grundmuster für die weitere deutsche Verfassungsgeschichte beispielgebend ist, obgleich die Verfassung nicht Realität wird.
18. Mai	**Deutsche Nationalversammlung** (Parlament) in Frankfurt am Main (Paulskirche) eröffnet.

Die Frankfurter Nationalversammlung von rund 585 Abgeordneten besteht überwiegend aus Juristen, Verwaltungsbeamten, Professoren, die bereits herausgehobene Positionen im öffentlichen Leben bekleiden **(Honoratiorenparlament)** und keiner konkreten politischen Richtung rückhaltlos verpflichtet sind. Gleichwohl bildet sich eine parteimäßige Struktur von fortwirkender Bedeutung aus. Den geistigen Schwerpunkt der Verfassungsarbeit bestimmt das rechte Zentrum. Zum Präsidenten wird der liberale hessen-darmstädtische Minister Heinrich Freiherr von Gagern (* 1799, † 1880) gewählt, der für die Grundlage des Verfassungswerks der Nationalversammlung die **Souveränität der Nation** erklärt.

1848 29. Juni	Auf Vorschlag Gagerns wählt die Nationalversammlung Erzherzog Johann von Österreich (* 1782, † 1859) zum Reichsverweser; der Bundestag überträgt ihm seine Vollmachten.
15. Juli	Erzherzog Johann ernennt ein deutsches **Reichsministerium**; doch es zeigt sich bald, daß die neugeschaffene Zentralgewalt weder den Einzelstaaten noch dem Ausland gegenüber wirkliche Macht hat.

23. Aug.– 3. Sept. **Erster Allgemeiner Deutscher Arbeiterkongreß** in Berlin unter Leitung von Stephan Born (* 1824, † 1898, Setzergeselle, Beziehung zu Marx und Engels).

21.–25. Sept. **Zweiter badischer Aufstand** mit Ausrufung der deutschen Republik durch Struve in Lörrach (nahe Basel), niedergeschlagen von badischen Truppen bei Staufen (nahe Freiburg i. Br.).

3.–6. Okt. **Erster Deutscher Katholikentag**

27. Okt. Die Frankfurter Nationalversammlung nimmt in erster Lesung einen Entwurf an, laut dem kein Teil des Deutschen Reiches mit nichtdeutschen Ländern zu einem Staat vereinigt sein darf. Damit ist Österreich vor die Wahl gestellt, entweder einer Auflösung seines Staatsverbands zuzustimmen oder dem neuen Deutschen Reich fernzubleiben.

31. Okt. Einnahme Wiens nach achttägigen heftigen Kämpfen durch kaiserliche Truppen.

21. Nov. Felix Fürst zu Schwarzenberg (* 1800, † 1852) übernimmt das kaiserliche Ministerium in Wien: Absage an den Frankfurter Verfassungsentwurf.

2. Dez. Kaiser Ferdinand I. dankt ab; ihm folgt sein Neffe **Franz Joseph I.** (* 1830, † 1916): **Wiedererstarken der Donaumonarchie** durch das Zusammenwirken von Dynastie, Armee und Bürokratie.

5. Dez. Verkündung **(Oktroyierung) einer preußischen Verfassung** (31. Jan. 1850 in Kraft).

Der Konflikt um die **großdeutsche oder kleindeutsche Lösung** hat die bisherige Fraktionsgliederung des Paulskirchenparlaments weitgehend umgewandelt: Nun stehen die gemäßigt-konstitutionellen Fraktionen als Erbkaiserliche Partei, die als vorläufige, „kleindeutsche" Konzeption einen Bundesstaat ohne Österreich mit dem König von Preußen als Kaiser vertritt, gegen „großdeutsche" Österreicher, Süddeutsche und Republikaner, die Österreich an der Spitze Deutschlands erhalten wollen.

1849
28. März Die **Reichsverfassung** ist nach langen Auseinandersetzungen vollendet. Die Kompromißverfassung kann,

	obwohl sie nicht in Kraft tritt, die deutsche Verfassungsentwicklung maßgeblich mitgestalten. – **Kaiserwahl:** Friedrich Wilhelm IV. von Preußen gewählt.
14. April	Bedingungslose Anerkennung der Reichsverfassung durch die Mehrheit der deutschen Regierungen (außer Österreich und den Königreichen).
28. April	**Ablehnung der Kaiserwahl** durch Friedrich Wilhelm IV.
3.–9. Mai	**Aufstand in Dresden**, um die Einführung der Reichsverfassung zu erzwingen. Mit preußischer Hilfe wird der Aufstand niedergeworfen.
12.–16. Mai	**In Baden republikanischer Aufstand** unter Beteiligung des Heeres und mit Bildung einer provisorischen Regierung. Neuwahlen in Baden mit durchgängigem Sieg der Linken.
30. Mai	Nach Abberufung zahlreicher Abgeordneter durch die Regierungen aus der Nationalversammlung beschließt die linke Mehrheit die Verlegung nach Stuttgart **(Rumpfparlament)**. – Dreiklassenwahlrecht in Preußen.
6. Juni 18. Juni	Das Rumpfparlament in Stuttgart (etwa 100 Abgeordnete) wählt eine provisorische Reichsregentschaft, wird aber von der württembergischen Regierung gewaltsam aufgelöst.
Juni/Juli	Preußische und andere deutsche Bundestruppen (Oberbefehlshaber Prinz Wilhelm von Preußen [„Kartätschenprinz"], der spätere König und Kaiser Wilhelm I.) besiegen die Aufständischen in der Pfalz und in Baden. Sie stellen die alte Ordnung wieder her.
Dez.	Erzherzog Johann legt die Würde des **Reichsverwesers** nieder.

Zur Bewertung: Die bürgerlich-liberale Revolution scheitert an der **Doppelaufgabe** einer Staats- und Verfassungsschöpfung angesichts der zweifachen Frontstellung gegen demokratisch-sozialrevolutionäre Kräfte auf der einen sowie gegen das Beharrungsvermögen der auf Dynastien, Bürokratien, Armeen und partikulare Tendenzen gestützten Einzelstaaten auf der anderen Seite. Die Wirkung besteht in der Klärung zentraler nationaler und Verfassungs-Fragen (Rechtsstaat, Grundrechte, großdeutsch-kleindeutsch, Bundesstaatsprobleme) sowie in der **Förderung des gesellschaftlichen Emanzipationsprozesses**.

Reaktion und preußisch-österreichischer Dualismus (1851–1866)

Der wiederhergestellte Deutsche Bund wird durch den sich steigernden **Gegensatz der beiden deutschen Großmächte** geprägt. Preußischer Gesandter beim Bundestag wird Otto von Bismarck (1851–1859; * 1815, † 1898), der die Gleichberechtigung mit Österreich erstrebt. – In den meisten Staaten bürokratisch-konservative Innenpolitik mit weitgehender **Revision der Errungenschaften** von 1848/1849. – Die deutschen **Einigungsbestrebungen**, deren Träger in erster Linie das Bürgertum ist, finden seit dem Ende der fünfziger Jahre in zahlreichen Massenveranstaltungen (Schützen-, Turner-, Sängerfesten) Ausdruck.

1851	Aufhebung der in der Paulskirche beschlossenen Grundrechte durch den Bundestag.
1857	In Preußen übernimmt Prinz Wilhelm (* 1797, † 1888) die Stellvertretung des geistig erkrankten Königs, 1858 die Regentschaft an dessen Stelle und wird König
1861	nach dem Tod Friedrich Wilhelms IV.:
1861–1888	**Wilhelm I., König von Preußen**
1860	Als Machtausgleich für die von Wilhelm I. erstrebte Heeresverstärkung werden vom Abgeordnetenhaus eine Verstärkung seines Budgetrechts und der Verzicht auf die dreijährige Dienstzeit des Militärs verlangt.
1861	Die liberale Opposition schließt sich zur **Deutschen Fortschrittspartei** zusammen, die bei Neuwahlen die relative Mehrheit erhält.
1862–1866	**Verfassungskonflikt in Preußen**.
1862	Der Landtag wird aufgelöst und mit verstärkter liberaler

Mehrheit neu gewählt. Die Abdankung des Königs wird durch die **Ernennung Otto von Bismarcks zum Ministerpräsidenten** verhindert, der die Regierung auch gegen die parlamentarische Mehrheit führt und (vier Jahre lang) ohne verfassungsmäßig bewilligtes Budget regiert.

1863 Wiederbeginn der **Arbeiterbewegung**: Allgemeiner Deutscher Arbeiterverein unter Führung von Ferdinand Lassalle (* 1825, † 1864); Vereinstag deutscher Arbeitervereine in der Tradition der (ab 1850 verbotenen) „Arbeiterverbrüderung" von 1848.

1864 **Krieg Österreichs und Preußens gegen Dänemark**: Christian IX. (* 1818, † 1906), König von Dänemark, bestätigt eine Verfassung, die im Widerspruch zu Vereinbarungen mit Preußen und Österreich (Londoner Protokoll 1852) die Einverleibung Schleswigs in Dänemark vorsieht. Österreich und Preußen fordern die Aufhebung dieser Verfassung und marschieren, als Dänemark ablehnt, in Schleswig ein.

30. Okt. **Friede von Wien**: Dänemark tritt die Herzogtümer Schleswig, Holstein und Lauenburg an Österreich und Preußen ab.

1865 **Vertrag von Gastein**: Die Ausübung der gemeinsamen Rechte in den Herzogtümern soll in Holstein Österreich, in Schleswig Preußen zustehen.

1866 April Antrag Preußens beim Bundestag in Frankfurt auf Bundesreform durch ein deutsches Parlament aufgrund des allgemeinen Wahlrechts, d. h. mit Ausschluß Österreichs.

Juni Nachdem Österreich erklärt hat, die Erbfolge in Holstein dem Bundesurteil zu unterwerfen (Verletzung des Gasteiner Vertrags), rücken preußische Truppen in Holstein ein.

15. Juni–26. Juli Krieg um die Vorherrschaft in Deutschland **(Deutscher Krieg)**.

3. Juli **Schlacht bei Königgrätz** (Nordböhmen): Es siegen die vereinigten preußischen Armeen über das österreichische Hauptheer.

Aug./Sept. Friedensschlüsse und (zunächst geheime) Schutz- und

	Trutzbündnisse Preußens mit den vier süddeutschen Staaten.
23. Aug.	**Friede von Prag** zwischen Preußen und Österreich; Österreich stimmt der Auflösung des Deutschen Bundes und der Neugestaltung Deutschlands ohne Österreich zu. Österreichs Rechte in Schleswig-Holstein gehen auf Preußen über.
3. Sept.	Das preußische Abgeordnetenhaus nimmt die **Indemnitätsvorlage** an (staatsrechtliche Entlastung der Regierung für die 1862–1865 budgetlos geführte Verwaltung), durch die der Verfassungskonflikt beendet wird.
20. Sept.	**Preußen** annektiert Hannover, Kurhessen, Nassau und Frankfurt a. M.
1866–1867	**Gründung des Norddeutschen Bundes** unter Führung Preußens mit den verbleibenden norddeutschen Staaten einschließlich Sachsen und den nördlich des Mains gelegenen Teilen des Großherzogtums Hessen.
1867 12. Febr.	Der konstituierende norddeutsche Reichstag wird aufgrund des allgemeinen, gleichen und direkten Wahlrechts der Männer gewählt (rechtsliberal-konservative Mehrheit).
	Die Verfassung des Norddeutschen Bundes wird die **Grundlage für die spätere Reichsverfassung**. Bismarck wird Bundeskanzler.

Das Deutsche Reich (1867/1871–1945)

Das Deutsche Reich im Zeitalter Bismarcks (1867/1871–1890)

Nach der Jahrhundertmitte wird Mitteleuropa in wachsendem Maße von der **industriellen Revolution** erfaßt, deren Schwerpunkte größtenteils in Preußen, dem Hegemonialstaat des Zollvereins, liegen, so daß dieses einen entscheidenden Vorteil vor dem österreichischen Kaisertum im Ringen um die Führung in Deutschland besitzt. Dies und der wirtschaftliche Aufstieg des 1849/1850 an seiner politischen Emanzipation gehinderten Bürgertums bilden wesentliche Rahmenbedingungen für die sich nun anbahnende Lösung der deutschen Frage:

1868	Gründungsjahr der meisten deutschen **Gewerkschaften** (Berufsvereine).
1869	Gründung der marxistischen Sozialdemokratischen Arbeiterpartei unter Führung von **August Bebel** (* 1840, † 1913) und Wilhelm Liebknecht (* 1826, † 1900). – Gewerbeordnung des Norddeutschen Bundes (1871 auf das Deutsche Reich ausgedehnt): einheitliche Gewerbefreiheit.
1870–1871	**Deutsch-Französischer Krieg**.
1870 6. Juli	Die von Bismarck geförderte Kandidatur des Erbprinzen Leopold von Hohenzollern-Sigmaringen (* 1835, † 1905) auf den spanischen Thron veranlaßt die französische Re-
13. Juli	gierung Kaiser Napoleons III. (* 1808, † 1873) zu der Forderung an König Wilhelm in Bad Ems, daß dieser einer solchen Kandidatur niemals wieder seine Zustimmung geben werde, was dieser zurückweist. Bismarck gibt die Mitteilung mit verschärfender Kürzung bekannt **(Emser Depesche)**.
19. Juli	Kriegserklärung Frankreichs an Preußen.
	Die süddeutschen Staaten stellen sich an die Seite des Norddeutschen Bundes. Die deutsche Heeresleitung (Chef

	des Generalstabs Helmuth von Moltke * 1800, † 1891) ergreift mit drei Armeen die Offensive.
2. Sept.	Kapitulation der französischen Armee bei Sedan; Napoleon III. gefangengenommen.
Okt./Nov.	Bismarck erreicht den **Zusammenschluß** der süddeutschen Staaten mit dem Norddeutschen Bund zum Deutschen Reich.
1871 18. Jan.	**König Wilhelm I.** von Preußen wird im Spiegelsaal des Schlosses von Versailles **zum Kaiser ausgerufen**.
26. Febr.	Vorfriede von Versailles: Frankreich tritt an Deutschland das Elsaß (ohne Belfort) sowie Lothringen mit Metz ab und zahlt in drei Jahren fünf Mrd. Francs.
10. Mai	Der Frieden von Frankfurt a. M bestätigt den Vorfrieden von Versailles.

Das Bismarckreich (1867/1870–1890): Dem Deutschen Reich fällt eine Schlüsselrolle im europäischen Kräftefeld zu. In Frankreich werden die Niederlage im Krieg, das Erlebnis des unglücklichen Kampfes auf dem eigenen Boden, der Aufstieg Deutschlands, der Verlust von Elsaß und Lothringen nicht verwunden **(Revanchebedürfnis).** Bismarcks Außenpolitik zielt auf Isolierung Frankreichs bei Annäherung an Österreich und Rußland. Der deutsche Nationalstaat entspricht in seiner „kleindeutschen" Gestalt dem Verlangen und den von Bismarck kunstvoll genutzten politischen Möglichkeiten der Zeit; Bismarck erklärt Deutschland für „saturiert".
Das Deutsche Reich (1870: 40,8 Mio. Einwohner) ist ein **Bundesstaat**; Träger der Souveränität ist die Gesamtheit der Fürsten und Freien Städte, vertreten im Bundesrat. Der König von Preußen ist erblicher Deutscher Kaiser, der u. a. den Oberbefehl über die deutsche Land- und Seemacht führt, den Reichstag beruft, eröffnet, schließt und den Reichskanzler ernennt. Der **Reichskanzler** führt den Vorsitz im Bundesrat, ist allein verantwortlich (jedoch nicht im Sinne parlamentarischer Verantwortung vor dem Reichstag) und der Vorgesetzte der Staatssekretäre (Leiter der Reichsämter). Reichsminister oder eine Reichsregierung als Institution gibt es nicht. Der **Reichstag** geht aus allgemeinen, gleichen, direkten und geheimen Wahlen (Männerwahlrecht) hervor, ist aber nur zusammen mit dem Bundesrat Träger der Reichsgesetzgebung. Die fehlende Finanzhoheit des

Reichs und unzureichende eigene Einnahmequellen („Kostgänger der Länder“) lassen die **Reichsverschuldung** rasch anwachsen.

1871 Reichsmünzgesetz. Die Mark wird Währungseinheit.

Der sog. **Kulturkampf**, mit dem Ziel, den Einfluß der Kirche zurückzudrängen, wird von Bismarck eingeleitet durch den als Reichsgesetz erlassenen **Kanzelparagraphen** gegen den angeblichen Mißbrauch des geistlichen Amts zur Gefährdung des öffentlichen Friedens.

In den „Gründerjahren“ nach dem Einströmen der Mil-
1873 liarden aus Frankreich kommt es zu einem überhitzten Aufschwung der Wirtschaft, dem Zusammenbrüche und eine bis Ende der siebziger Jahre anhaltende **Wirtschaftskrise** folgen. – **Dreikaiserabkommen** zwischen Österreich-Ungarn, Rußland und dem Deutschen Reich. Der Vertrag sieht für den Fall eines Angriffs von anderer Seite wechselseitige Verständigung vor.

Während die katholische Zentrumspartei bei der Reichs-
1874 tagswahl ihre Wählerzahl verdoppelt, folgen u. a. das Reichs-Verbannungsgesetz (Expatriierungsgesetz) gegen den passiven Widerstand des katholischen Klerus und das Gesetz über die obligatorische **Zivilehe** (1875 auf das ganze Reich ausgedehnt).

1875 Auf dem Kongreß in Gotha vereinigen sich der Allgemeine Deutsche Arbeiterverein (gegründet 1863) und die 1869 gegründete Sozialdemokratische Arbeiterpartei zur Sozialistischen Arbeiterpartei Deutschlands (seit 1890 **Sozialdemokratische Partei Deutschlands**).

1876 Durch Umwandlung der Preußischen Bank in die Reichsbank wird eine Zentralnotenbank geschaffen.

1878 **Annahme des Sozialistengesetzes**, das ein Verbot sozialistischer Vereine, Versammlungen und Druckschriften und die Ausweisung von sozialdemokratischen Führern vorsieht.

1879 Nachdem sich im Kulturkampf die Begrenztheit staatlicher Machtmittel und der Zusammenhalt des katholischen Kir-

	chenvolks gezeigt haben, strebt Bismarck im Zeichen einer konservativen Wende seiner Politik einen Ausgleich an. – **Der Kanzler bricht öffentlich mit den Nationalliberalen**. Die neue konservativ-katholische, agrarisch-industrielle Reichstagsmehrheit beschließt Schutzzoll und Tabaksteuererhöhung. Ausschlaggebende Partei im Reichstag wird das Zentrum, die stärkste und stabilste Fraktion.
Okt.	Eine Abkühlung der deutsch-russischen Beziehungen führt zu einem geheimen Verteidigungsbündnis zwischen dem Deutschen Reich und Österreich-Ungarn **(Zweibund)**.
1881 18. Juni	Erneuerung des Dreikaiserabkommens und Neutralitätsabkommen zwischen dem Deutschen Reich, Österreich-Ungarn und Rußland. – Bismarck versucht (Kaiserliche Botschaft), durch eine auf Versicherungsschutz zielende **Sozialgesetzgebung** die Arbeiterschaft für den monarchischen Staat zu gewinnen.
1882 20. Mai	**Dreibund** zwischen dem Deutschen Reich, Österreich-Ungarn und Italien.
1883	Krankenversicherungsgesetz.
1884	Unfallversicherungsgesetz. – Vereinigung der Fortschrittspartei mit der Liberalen Vereinigung (linker Flügel der Nationalliberalen) zur Deutschen Freisinnigen Partei.
1884/1885	Gründung deutscher „Schutzgebiete" **(Kolonien)** in Südwestafrika, Kamerun, Togo und Ostafrika, außerdem im Pazifik (Neuguinea, Bismarckarchipel, Marshallinseln).
1887	Das Zweite Friedensgesetz beendet abschließend den Kulturkampf, aus dem im wesentlichen das Jesuitengesetz (bis 1917), der Kanzelparagraph (bis 1953), die staatliche Schulaufsicht und die Zivilehe Bestand haben.
18. Juni	Als das Drei-Kaiser-Bündnis wegen russisch-österreichischer Spannungen auf dem Balkan nicht verlängert wird, findet Bismarcks Bündnispolitik ihren Abschluß mit dem **„Rückversicherungsvertrag"**, einem Neutralitätsabkommen zwischen dem Deutschen Reich und Rußland.

1888 Neue Heeresverstärkung. – Nach dem Tod Kaiser Wilhelms I. besteigt sein schwerkranker Sohn als Kaiser **Friedrich (III.)** (* 1831) den Thron; er stirbt schon nach drei Monaten. Ihm folgt sein Sohn als **Kaiser Wilhelm II.** (* 1859, † 1941).

1889 Alters- und Invaliditätsversicherung.

1890 Der neugewählte Reichstag hat eine Mehrheit von Gegnern Bismarcks; die **Sozialdemokratie** ist mit 1,5 Mio. Wählern (knapp 20 %) **erstmals stimmstärkste Partei**.

20. März **Bismarcks Entlassung**, hauptsächlich wegen des persönlichen Gegensatzes zwischen dem alten Kanzler, der seine Machtstellung behaupten will, und dem nach dem „persönlichen Regiment" strebenden jungen Kaiser.

Das Zeitalter Kaiser Wilhelms II. (1890–1914)

Übergang Deutschlands vom Agrar- zum Industriestaat: Zwischen Reichsgründung und Erstem Weltkrieg Vervierfachung der Ausfuhr sowie Versechsfachung der Industrieproduktion, damit Aufstieg in die Gruppe der drei größten Industrienationen (neben USA und Großbritannien). Die Hochindustrialisierung beruht auf dem Verbund von Kohle und Eisen, bald aber auch auf der raschen **Expansion von Elektrizität und Chemie als „junge" Industrien**.

Industrieller Aufstieg und wirtschaftliche Konzentration vollziehen sich vor dem Hintergrund eines starken **Bevölkerungswachstums** (1871–1910 um 58 % auf 65 Mio.) und einer raschen Verstädterung. Die **Arbeiterfrage** (organisierter Klassenkampf), das Mittelstandsproblem („alter", d. h. gewerblicher, und „neuer", d. h. Angestellten-Mittelstand) sowie die Besorgnisse der Landwirtschaft **(Landflucht)** wirken sich in innenpolitischen Problemen, Spannungen und Organisationsbildungen aus: Parteien, Massenorganisationen und Interessenverbände gewinnen an Einfluß. Versuche, die Spannungen nach außen abzuleiten, gehören zu den wesentlichen Merkmalen der Großmächte im Zeitalter des Imperialismus.

1890–1894 Reichskanzler **Leo Graf Caprivi** (* 1831, † 1899). Innenpolitisch **„Neuer Kurs"** mit dem Versuch eines sozialpolitischen Ausgleichs.

1890 **Der Rückversicherungsvertrag** von 1887 mit Rußland **wird nicht erneuert**.

1. Juli **Helgoland-Sansibar-Vertrag**: Deutschland gibt die Schutzherrschaft über das Sultanat Sansibar (Zanzibar) auf und erhält das bisher britische Helgoland.

Nichtverlängerung des Sozialistengesetzes. Gründung der Generalkommission der Freien Gewerkschaften Deutschlands als Dachorganisation der sozialistisch orientierten Gewerkschaften.

1890/1891 **Arbeiterschutzgesetzgebung**: Verbot der Kinderarbeit bis zur Vollendung der Schulpflicht, Begrenzung der Arbeitszeit von Jugendlichen und Frauen, Vorschriften zum Schutz von Leben und Gesundheit der Arbeiter, obligatorische Arbeitsordnungen.

1891 **Einkommensteuergesetz** (progressive Einkommensteuer) zugunsten niedriger Einkommen und höherer Staatseinnahmen als Kernstück der preußischen Steuerreform.

1891–1893 Handelsverträge: Durch Senkung der Getreidezölle wird eine Ermäßigung des Brotpreises, durch Senkung der Einfuhrzölle für deutsche Industrieerzeugnisse die Förderung der Exportindustrie erreicht.

1892
17. Aug. Französisch-russische Militärkonvention: Wenn einer der beiden Vertragspartner von einer der Dreibundmächte (von 1882) angegriffen wird und Deutschland daran teilnimmt, ist der andere mit allen Kräften zum Kampf gegen Deutschland verpflichtet.

1893 **Bund der Landwirte** gegründet: Reaktion der Agrarinteressen auf die Handelsverträge. Er wird zu einer der mächtigsten politischen Massenorganisationen in Deutschland. – Nach Auflösung des Reichstags wegen der Ablehnung einer Heeresverstärkung neue Militärvorlage: weitere Verstärkung vom Reichstag angenommen.

1. Juli	**Alldeutscher Verband** gegründet, hervorgegangen aus dem Allgemeinen Deutschen Verband (1891), verbindet Nationalismus mit völkischen und imperialistischen Zielsetzungen.
1894–1900	Reichskanzler und preußischer Ministerpräsident Chlodwig Fürst zu Hohenlohe-Schillingsfürst (* 1819, † 1901). Versuch Wilhelms II., sein persönliches Regiment zu praktizieren.
1895	Eröffnung des Kaiser-Wilhelm-Kanals (heute Nord-Ostsee-Kanal).
1898	Deutschland besetzt und erwirbt durch Pachtvertrag mit China auf 99 Jahre Kiautschou (Provinz Schantung). – Erstes Flottengesetz vom Reichstag angenommen: Beginn des auf den Kaiser zurückgehenden **Ausbaus der Kriegsflotte**.
1900	Das BGB **(Bürgerliches Gesetzbuch)** tritt am 1. Jan. in Kraft.
Juni	Zweites Flottengesetz: Gleichstand mit der britischen Heimatflotte angestrebt.
1900–1909	**Reichskanzler** Graf (1905 Fürst) **Bernhard von Bülow** (* 1849, † 1929; 1897–1900 Staatssekretär im Auswärtigen Amt).
1900–1903	Ausbau der Sozialgesetzgebung mit Zustimmung der SPD.
1901	Deutsch-britische Bündnissondierungen scheitern an Forderungen Berlins.
1904 8. April	Entente Cordiale zwischen Großbritannien und Frankreich: kein formelles Bündnis, aber kolonialer Interessenausgleich.
1905	Der **Ausbau des Mittellandkanals** – zweimal am Widerstand der agrarischen Konservativen (Furcht vor billigem Getreideimport) gescheitert – wird, um ihnen entgegenzukommen, vom Reichstag unter Verzicht auf die Verbindung zwischen Elbe und Hannover beschlossen.
31. März	Besuch des Kaisers in Tanger (Hafen in Nordmarokko):
1905/1906	**Erste Marokkokrise**. Beginn der deutsch-britischen Flottenrivalität.

1906	**Polnischer Schulstreik** gegen den deutschsprachigen Religionsunterricht in Posen und Westpreußen. – Flottengesetznovelle bereitet Übergang zum Bau von Großkampfschiffen vor: **Offenes Wettrüsten** mit Großbritannien beginnt. – Als erste direkte Reichssteuer wird die Erbschaftssteuer bewilligt, die aber das Defizit im Reichsetat nicht ausgleichen kann.
1908	Flottengesetznovelle zur Beschleunigung des Rüstungstempos.
	Daily-Telegraph-Affäre: Ein in der englischen Tageszeitung „Daily Telegraph" erschienenes Interview Wilhelms II. wird die Veranlassung dazu, daß im Reichstag und in der Presse scharfe Kritik am „persönlichen Regiment" des Kaisers geübt wird.
1909–1917	Reichskanzler **Theobald von Bethmann Hollweg** (* 1856, † 1921).
1909	**Reichsfinanzreform** durch Besteuerung des mobilen Kapitals sowie höhere indirekte Steuern.
	Deutsch-britische Kontakte, die bis 1912 andauern und das Ziel einer Begrenzung der Flottenrüstung verfolgen, bleiben ohne Ergebnis.
1910	Die linksliberalen Parteien schließen sich in der Fortschrittlichen Volkspartei zusammen, die für Zusammenarbeit mit der SPD und allmähliche Parlamentarisierung eintritt.
1911 1. Juli	**Zweite Marokkokrise** als Folge der Entsendung des deutschen Kanonenbootes „Panther" nach Agadir (Panther-Sprung nach Agadir). Festigung der britisch-französischen Entente.
1912 Jan.	Als Ergebnis der Reichstagswahlen können die Sozialdemokraten ihre Abgeordnetenzahl mehr als verdoppeln und sind mandatsstärkste Partei.
	Flottennovelle (Bauprogramm bis 1920).
22./23. Nov.	Britisch-französischer Notenaustausch: klare Bindung Großbritanniens zur Unterstützung des französischen Bündnispartners.

1913	Heeresverstärkung (zwei neue Armeekorps).
1914 Juni	Deutsch-britische Verständigung über den Bau der Bagdadbahn durch eine deutsche Gesellschaft, die auf den Bau der Endstrecke von Basra (heute zu Irak) zum Persischen Golf verzichtet.
28. Juni	**Ermordung des österreichischen Thronfolgerpaares** in Sarajewo.
23. Juli	Auf 48 Stunden befristetes **Ultimatum** Österreich-Ungarns an Serbien.
25. Juli	Der russische Kronrat entscheidet, Serbien zu unterstützen, die serbische Regierung sendet eine nur halb entgegenkommende Antwort nach Wien.
28. Juli	**Österreich-Ungarn erklärt Serbien den Krieg**.
30. Juli	Russische Generalmobilmachung.
31. Juli	Berlin fordert Rußland ultimativ auf, die Mobilmachung zurückzunehmen, und Frankreich, im Fall eines deutsch-russischen Krieges neutral zu bleiben.
1. Aug.	Nach Ausbleiben einer russischen Antwort erfolgen in Deutschland die allgemeine Mobilmachung und die **Kriegserklärung an Rußland** sowie die
3. Aug.	**Kriegserklärung an Frankreich**. Deutscher Einmarsch in Belgien gemäß militärischem Operationsplan.
4. Aug.	Britisches Ultimatum an Deutschland, die belgische Neutralität zu respektieren.
	Danach befinden sich bis auf Italien, das vorerst neutral bleibt, und die Türkei, die ihre bewaffnete Neutralität erklärt (bis Okt.), alle Mächte im Krieg. Innenpolitische Spannungen, wirtschaftliche Gegensätze und Wettrüsten allein hätten nicht ausgereicht, wenn nicht in den politischen Führungen die Bereitschaft zum Krieg hinzugetreten wäre. Gerade die deutsche Reichsleitung nimmt bewußt das Risiko einer kriegerischen Entwicklung in Kauf. Deren Eigendynamik führt zum allgemeinen Krieg.

Das deutsche Kaiserreich und der Erste Weltkrieg (1914–1918)

Die Mobilisierung und Organisation aller Kräfte im Dienste der Kriegführung verschafft dem Staat einen steigenden Einfluß auf die Wirtschaft **(Kriegssozialismus);** Gründung von Reichswirtschaftsamt und Reichsarbeitsamt. Zur Deckung der Kriegskosten ist das Reich auf das Mittel der Anleihe verwiesen. Die Parteipolitik wird von den beiden Alternativen Verständigungsfrieden (von der Linken gefordert) und Siegfrieden (Ziel der Rechten und lange auch der Mitte) sowie schließlich von der Zusammenarbeit der Reichstagsmehrheit im Interfraktionellen Ausschuß bestimmt. Gegenüber der Kooperation der Mehrheit und der Annäherung der SPD an den Staat bilden sich radikale Parteien auf der Linken (USPD) und der Rechten (Vaterlandspartei).

1914 4. Aug.	Im Reichstag werden die **Kriegskredite** von allen Parteien einschließlich der Sozialdemokraten bewilligt.
26.–30. Aug.	**Schlacht bei Tannenberg** (Ostpreußen – Masurengebiet). Die russische Narew-Armee wird von deutschen Truppen eingeschlossen und größtenteils vernichtet.
30. Aug.– 5. Sept.	Die deutschen Armeen dringen in Frankreich bis über die **Marne** vor und bedrohen Paris.
5.–12. Sept.	**Schlacht an der Marne**: Der deutsche Vormarsch wird zum Stehen gebracht.
Sept.–Nov.	Wechselnde verlustreiche Kämpfe im Westen. Die Front erstarrt, der Krieg wird zum **Stellungskrieg**, der deutsche Operationsplan ist gescheitert. Die großen Einbruchs- und Materialschlachten geben von da an dem Krieg im Westen das Gesicht.
Okt./Dez.	Nach wechselvollen Kämpfen kommt es auch zur Festigung einer **Stellungsfront in Polen**.
1915 22. Febr.	Der **uneingeschränkte U-Boot-Krieg** (Torpedierung von Handelsschiffen kriegführender und neutraler Staaten innerhalb der erklärten Seekriegsgewässer durch deutsche U-Boote) wird befohlen.

	Nach der Versenkung des britischen Passagierdampfers „**Lusitania**"(Mai 1915), mit dem auch 139 US-Staatsbürger untergingen, ergeht auf scharfen Protest der USA der Befehl, neutrale Schiffe und feindliche Passagierdampfer zu schonen.
1.–3. Mai	**Durchbruchsschlacht von Gorlice-Tarnow** (Galizien, südöstlich von Krakau): Die russische Front wird durchstoßen.
23. Mai	Kriegserklärung Italiens an Österreich-Ungarn (an Deutschland erst am 28. Aug. 1916).
Mai–Okt.	Die **Offensive der Mittelmächte** (Deutsches Reich und Österreich-Ungarn) im Osten bringt großen Raumgewinn (Litauen, Kurland, Polen erobert; Galizien mit Lemberg zurückerobert).
1916 21. Febr.–Juli	Deutsche „**Verdun-Offensive**": Ein Teil der französischen Festungswerke wird eingenommen, Verdun selbst bleibt aber in französischer Hand. Sowohl die französischen als auch die deutschen Verluste sind verheerend (je über 350 000 Gefallene).
31. Mai– 1. Juni	**Seeschlacht vor dem Skagerrak**. Die britische „Grand Fleet" (mit 37 Großkampfschiffen) trifft mit der deutschen Hochseeflotte (21 Großkampfschiffe) zusammen. Der Kampf wird nicht bis zur Entscheidung durchgeführt.
1. Juli– 26. Nov.	**Schlacht an der Somme**: Das Ergebnis der französisch-britischen Offensive ist lediglich ein Eindrücken der deutschen Front, die Verluste der Materialschlacht betragen bei den Briten und Deutschen je über 400 000, bei den Franzosen fast 200 000 Mann.
Sommer	Großangelegte russische Offensive **(Brussilow-Offensive)** gegen die Ostfront der Mittelmächte. Bis zur russischen „Februarrevolution" (März 1917) und der Abdankung des Zaren bleibt die Front im Osten im wesentlichen unverändert.
29. Aug.	Die Übernahme der Obersten Heeresleitung durch Generalfeldmarschall Paul von **Hindenburg** (* 1847, † 1934) **und** General Erich **Ludendorff** (* 1865,

	† 1937; 3. OHL) leitet die Zeit des maßgebenden Einflusses Ludendorffs in den entscheidenden Fragen der Politik ein. Hindenburg-Programm: Maßnahmen zur Zusammenfassung aller Kräfte des Wirtschafts- und Arbeitspotentials, Kriegsamt für die zentrale Leitung der Kriegswirtschaft.
21. Nov.	**Tod Kaiser Franz Josephs I.** von Österreich; Nachfolger wird sein Großneffe Karl.
5. Dez.	Vaterländisches **Hilfsdienstgesetz** vom deutschen Reichstag angenommen: Verpflichtet die nicht eingezogenen Männer vom 17.–60. Lebensjahr zum Dienst in der Rüstungsindustrie und in kriegswichtigen Einrichtungen. Mit der Begründung obligatorischer Arbeiter- und Angestelltenausschüsse in den Betrieben sowie paritätischer Schlichtungsausschüsse wird der Weg zur Mitbestimmung der Arbeitnehmer und zur Erweiterung des gewerkschaftlichen Einflusses beschritten.
21. Dez.	**Note US-Präsident Woodrow Wilsons** (* 1856, † 1924) an die kriegführenden Mächte und an die Neutralen, um „einen Meinungsaustausch über ihre Friedensbedingungen und Forderungen anzuregen“.
1917 1. Febr.	**Rückkehr zum uneingeschränkten U-Boot-Krieg**. Nach dem unbefriedigenden Ausgang der Seeschlacht vor dem Skagerrak ist die Oberste Heeresleitung der Ansicht, dadurch Großbritannien in die Knie zwingen zu können.
8.–15. März	Russische Februarrevolution, Abdankung des Zaren.
6. April	Nachdem die öffentliche Meinung in den USA immer stärker zum Krieg gedrängt und der britische Geheimdienst eine deutsche Note (sog. Zimmermann-Depesche) entziffert hat, in der Mexiko von Deutschland ein Bündnis angeboten wird, erfolgt die **Kriegserklärung der USA** an das Deutsche Reich (an Österreich-Ungarn erst am 7. Dez.).
9.–11. April	**Spaltung der SPD** auf der Gothaer Konferenz. Gründung der Unabhängigen Sozialdemokratischen Partei Deutschlands (USPD, Vorsitzender Hugo Haase; * 1863, † 1919),

	die offen den Kampf gegen die Fortführung des Krieges aufnimmt. Große Streiks in Berlin, Leipzig und anderen Städten (Mitte April).
	Verschärfung der innenpolitischen Spannung in der ersten Hälfte des Jahres 1917. Der harte Winter, die knapp werdende Ernährung, die russische Revolution, die Kriegserklärung der USA wirken lähmend, zumal die versprochene politische Neuorientierung unterbleibt.
6. Juli	Der Zentrumsabgeordnete Matthias Erzberger (* 1875, † 1921) fordert im Hauptausschuß des Reichstags eine Friedensresolution mit dem Programm des annexionslosen Friedens, da keine Aussicht auf den Sieg bestehe und dieser auch durch den U-Boot-Krieg nicht erzwungen werden könne.
14. Juli	Reichskanzler **Bethmann Hollweg** wird **entlassen** nach Rücktrittsdrohung von Hindenburg und Ludendorff.
	Die innere Entwicklung wird hinfort bestimmt durch den Gegensatz zwischen einer fortschreitenden Parlamentarisierungstendenz und dem beherrschenden politischen Einfluß der Heeresleitung (Ludendorff).
19. Juli	**Friedensresolution** des Reichstags (Mehrheit aus SPD, Zentrum, Fortschritt) fordert erfolglos einen Frieden der Verständigung und Versöhnung.
15. Dez.	Abschluß des Waffenstillstandes zwischen dem Deutschen Reich und Rußland.
22. Dez.	Aufnahme der Friedensverhandlungen Rußlands mit den Mittelmächten in Brest-Litowsk (am Bug).
1918	
28. Jan.	Beginn eines mehrere Tage andauernden, erfolglosen Massenstreiks in Berlin und anderen großen Städten.
3. März	Abschluß des **Friedens von Brest-Litowsk**. Darin verzichtet Sowjetrußland auf seine Hoheitsrechte in Polen, Litauen, Kurland, deren künftige Verhältnisse vom Deutschen Reich im Einvernehmen mit den dortigen Völkern nach dem Selbstbestimmungsrecht gelöst werden sollen.
21. März– 6. April	Deutsche Frankreich-Offensive in der Picardie zwischen Arras und La Fère mit dem Ziel, die Briten von den Fran-

zosen zu trennen, erstere ans Meer zu drängen und auszuschalten, führt nur zu Geländegewinn bei Erschöpfung der eigenen Truppen.

18. Juli Beginn der **alliierten Gegenoffensive**, für deren Erfolge das schnell wachsende Übergewicht an Truppen und Material infolge des Eintreffens der US-Amerikaner und der Masseneinsatz von Panzern entscheidend sind.

8.–11. Aug. **Schlacht bei Amiens** (an der Somme): der „schwarze Tag des deutschen Heeres" (General Ludendorff) durch britischen Panzerdurchbruch.

14. Aug. Die Oberste Heeresleitung erklärt erstmals offen die **Fortführung des Krieges** für **aussichtslos**.

3. Okt. **Prinz Max von Baden** (* 1867, † 1929), der das Ersuchen der Obersten Heeresleitung um sofortigen Waffenstillstand unterzeichnet, wird zum Reichskanzler und preußischen Ministerpräsidenten ernannt. Er bildet eine Regierung, in der die Mehrheitsparteien (Sozialdemokraten, Links- und Nationalliberale, Zentrum) vertreten sind.

3.–4. Okt. **Waffenstillstandsangebot** an US-Präsident Wilson.

3. Nov. Ein **Aufstand der Matrosen** der Kaiserlichen Marine in Kiel greift auf andere Städte über. In den folgenden Tagen Ausbreitung der Revolution über viele große Städte des Reichs. Bildung von Arbeiter- und Soldatenräten.

7. Nov. **Revolution in München**. Sturz der Wittelsbacher, Frei-
8. Nov. staat Bayern proklamiert: Regierung der Arbeiter-, Bauern- und Soldatenräte.

9. Nov. **Revolution in Berlin**: Prinz Max von Baden gibt „de facto" die Thronentsagung Kaiser Wilhelms II. (unterzeichnet erst am 28. Nov. 1918) sowie des Kronprinzen bekannt und tritt zurück. **Philipp Scheidemann** (SPD; * 1865, † 1939) ruft die **Deutsche Republik** aus. Prinz Max überträgt dem SPD-Vorsitzenden **Friedrich Ebert** (* 1871, † 1925) die Wahrnehmung der Geschäfte des Reichskanzlers. Rat der Volksbeauftragten (je drei SPD- und USPD-Mitglieder).

8.–11. Nov. Waffenstillstandsverhandlungen des alliierten Oberbefehlshabers General Ferdinand Foch (* 1852, † 1929) mit der deutschen Waffenstillstandskommission.

11. Nov. **Waffenstillstand von Compiègne**. Hauptbedingungen: Räumung der besetzten Gebiete Frankreichs, Belgiens, Luxemburgs sowie Elsaß-Lothringens innerhalb von 15 Tagen; Räumung des linken Rheinufers, das von den Alliierten besetzt werden soll; Verzicht auf den Friedensvertrag von Brest-Litowsk; Übergabe aller U-Boote, Abrüstung und Kontrolle der Hochseeflotte; Ablieferung von 2000 Jagd- und Bombenflugzeugen. Dauer des Waffenstillstandes zunächst 36 Tage.

12. Nov. Die Provisorische Nationalversammlung von Deutschösterreich erklärt den Anschluß an Deutschland.

15. Nov. Gründung der Zentralarbeitsgemeinschaft zwischen Arbeitgebern und Arbeitnehmern (Gewerkschaften) im Sinne einer Tarifpartnerschaft auf neuen sozialpolitischen Grundlagen.

16.–20. Dez. **Deutscher Rätekongreß** in Berlin lehnt das Rätesystem als politische Organisationsform des Reichs ab und beschließt Wahlen zur Nationalversammlung am 19. Jan. 1919.

29. Dez. Die USPD tritt aus dem Rat der Volksbeauftragten aus.

ab 30. Dez. Gründungsparteitag (bis 1. Januar 1918) der **Revolutionären Kommunistischen Arbeiterpartei (später KPD)** in Berlin; führend u. a. Karl Liebknecht (* 1871, † 1919) und Rosa Luxemburg (* 1870, † 1919).

Die Weimarer Republik (1919–1933)

In der Novemberrevolution, die im Februar 1919 verebbt, verhindern die Mehrheitssozialisten (SPD) unter Friedrich Eberts Führung im Zusammengehen mit Heeresleitung und Verwaltungsspitzen die gesellschaftliche Umwälzung und setzen die Errichtung des **liberaldemokratischen Verfassungsstaats** durch. Die u. a. von Hindenburg und Ludendorff frühzeitig wider ihr besseres Wissen verbreitete **Dolchstoßlegende**, die Revolution

sei der unbesiegten Frontarmee in den Rücken gefallen, findet Glauben und vergiftet die Atmosphäre nachhaltig. Unter den **finanziellen Kriegsfolgen** sind die von den Siegern auferlegten Reparationen als im Ergebnis weniger wirksam zu veranschlagen als die von der Kriegsfinanzierung durch Anleihen verursachte **Entwertung des Geldes**. Diese finanziellen, wirtschaftlichen und sozialen Folgelasten hängen ebensowenig wie die außenpolitischen mit der Entstehung des demokratischen Staats zusammen, werden ihm jedoch von weiten Bevölkerungskreisen angelastet.
Im **Parteiensystem** treten an die Stelle der bisherigen Liberalen die linksliberale DDP und die rechtsliberale DVP. Nachfolger der Konservativen sind die Deutschnationalen (DNVP). Vom Zentrum spaltet sich der bayrische Flügel ab (BVP).

1919 6.–15. Jan.	Generalstreik, Unruhen, Straßenkämpfe in Berlin. Truppen stellen die Ordnung wieder her. Die USPD-Führer **Karl Liebknecht** und **Rosa Luxemburg** werden von Freikorpsoffizieren **ermordet** (15. Jan.).
19. Jan.	Wahlen zur Nationalversammlung: Dreiviertelmehrheit für die Parteien, die die parlamentarisch-demokratische Republik anstreben (SPD, DDP, Zentrum).
11. Febr.	Zusammentritt der Nationalversammlung in Weimar, Friedrich **Ebert zum Reichspräsidenten gewählt**.
13. Febr.	Bis 1920 Regierungen der **„Weimarer Koalition“** (SPD, DDP, Zentrum).
März/April	Wiederholt Unruhen, besonders im Ruhrgebiet und in Bayern (Münchner Räterepublik, April/Mai).
29. April	Die **Verfassung des Völkerbundes** wird in der Vollversammlung der Pariser Friedenskonferenz angenommen.
28. Juni	**Unterzeichnung des Friedensvertrages in Versailles**.

Bestimmungen des Friedensvertrages: Abtretung u. a. von Elsaß-Lothringen, fast ganz Posen und Westpreußen (Polen und Freie Stadt Danzig). **Abstimmungen** sollen stattfinden in: Nordschleswig (1920 zum Teil an Dänemark), Westpreußen (Regierungsbezirk Marienwerder: 1920 Entscheidung für Deutschland) und Ostpreußen (Regierungsbezirk Allenstein:

ebenso), in Eupen-Malmédy (1920 an Belgien) und in Oberschlesien (1921 mehrheitlich deutsch) sowie im Saargebiet. Deutschland erkennt die Unabhängigkeit Österreichs als „unabänderlich" an. Das Reich **verzichtet auf alle überseeischen Besitzungen**. Auslieferung fast des gesamten Kriegsmaterials, Aufhebung der allgemeinen Wehrpflicht, Beschränkung des neuen Berufsheeres auf 100 000 Mann, Wiedergutmachungen **(Reparationen)**. Mit der einseitigen Feststellung der Kriegsschuld der Mittelmächte, insbesondere Deutschlands, werden alle Reparationen begründet. Die Gesamtschuld des Deutschen Reichs soll von einer besonderen Reparationskommission festgelegt und innerhalb von 30 Jahren abgelöst werden.

11. Aug. Die von der Nationalversammlung beschlossene **Reichsverfassung** wird vom Reichspräsidenten unterzeichnet.
Das Reich ist eine parlamentarisch-demokratische Republik mit starker Stellung des vom Volk gewählten Reichspräsidenten.

Sept. Reichsgesetz über die Reichsfinanzverwaltung (Grundlage für den Aufbau einheitlicher Finanzämter im Reich) als Beginn der Erzbergerschen **Reichsfinanzreform** (Vizekanzler und Finanzminister Erzberger).

1920
13.–17. März **Kapp-Lüttwitz-Putsch** des Alldeutschen Wolfgang Kapp (* 1858, † 1922) und des Generals Walter von Lüttwitz (* 1859, † 1942) scheitert am passiven Widerstand der Ministerialbürokratie und am Generalstreik der Gewerkschaften.
Zur gleichen Zeit neues Aufflackern der Revolution in Sachsen.

15. März–10. Mai Kommunistische **Aufruhrbewegung im Ruhrgebiet**: Einmarsch von Reichswehr, die nach schweren Kämpfen die Ordnung wiederherstellt.

30. April Das **Land Thüringen** durch Reichsgesetz geschaffen.

6. Juni **Reichstagswahlen** entscheiden gegen die „Weimarer Koalition", die statt ihrer Dreiviertelmehrheit nur noch knapp die Hälfte der Mandate erhält.
Damit wird die **Instabilität der Regierungsbildung**

	festgeschrieben. Bis 1928 wechseln Mehrheitskoalitionen unter Beteiligung der SPD und von ihr tolerierte Minderheitsregierungen einander ab. Das Zentrum ist bis 1932 an allen Kabinetten beteiligt.
16. Okt.	Spaltung der USPD auf dem Parteitag in Halle. Die Mehrheit tritt zur KPD, die Minderheit zur SPD über.
1921 8. März	**Alliierte Besetzung von Düsseldorf und Duisburg** als Sanktionsmaßnahme gegen die deutsche Ablehnung eines ultimativ geforderten Zahlungsmodus für die Reparationen.
Ende März	Kommunistischer Aufruhr in Mitteldeutschland und Hamburg auf Weisung der Internationale. Vorwiegend von Schutzpolizei niedergeworfen.
27. April	Festsetzung der deutschen **Reparationssumme** von insgesamt 132 Mrd. Goldmark durch die Reparationskommission.
26. Aug.	**Ermordung Erzbergers** durch Angehörige einer rechtsradikalen Geheimorganisation.
1922 16. April	**Vertrag von Rapallo** mit der UdSSR. Gegenseitige Gleichberechtigung, Wiederaufnahme der diplomatischen Beziehungen, Verzicht auf Ansprüche aus der Zeit des Krieges. Inzwischen macht die fortlaufende Entwertung der Reichsmark einen Transfer der deutschen Reparationsschulden in der geforderten Höhe vollends unmöglich.
24. Juni	Tödliches Attentat auf den Reichsaußenminister **Walter Rathenau** (* 1867; DDP), der Opfer der Rechtsradikalen wird, die den Republikaner, Juden und „Erfüllungspolitiker" ermorden wollen.
Aug.	Beginn des schnellen Verfalls der Reichswährung (**Inflation**).
1923 10. Jan.	**Französisch-belgische Note** an das Deutsche Reich:
11. Jan.	Unter dem Vorwand der Vernachlässigung der Kohlelieferungen laut Friedensvertrag erfolgen ein militärischer Einmarsch der Franzosen sowie nach und nach die **Besetzung des ganzen Ruhrgebiets**.

13. Jan. Die Reichsregierung verkündet den **„passiven Widerstand"**. Blutige Zusammenstöße zwischen der Bevölkerung und den Besatzungstruppen.

Während **Inflation und Wirtschaftskrise** in Deutschland fortschreiten, ist der passive Widerstand nicht durchzuhalten. Die finanziellen Verpflichtungen übersteigen die Leistungsfähigkeit des Reiches, das daher zu vermehrter Banknotenemission übergeht, so daß der Geldumlauf sich rasch vermehrt und der Markwert ins Bodenlose sinkt. Die durch die Geldentwertung bewirkte Beseitigung von Geldschulden, der Verlust an Werten und die Vernichtung sozialer Existenzen bedeuten eine Umverteilung, die die sozialen Auswirkungen der Novemberrevolution weit überragt und schwere Schädigungen verursacht.

Aug. Die Regierung Gustav Stresemann (DVP; * 1878, † 1929; 1923–1929 Außenminister) muß den Ruhrkampf abbrechen, die Währung stabilisieren und die Verfassung des Reichs gegen die Bedrohungen von rechts und links schützen. Die Krise in Wirtschaft und Politik treibt ihrem Höhepunkt zu.

27. Sept. Der Reichspräsident verhängt den Ausnahmezustand für das Reichsgebiet.

13. Okt. Das **Ermächtigungsgesetz** wird vom Reichstag angenommen. Die Reichsregierung kann auf dem Verordnungsweg Maßnahmen treffen. Befristet bis spätestens 31. März 1924.

Mitte bis Ende Okt. **Unruhen im Freistaat Sachsen:** Die sächsische Regierung aus SPD und KPD muß nach dem Einmarsch der Reichswehr zurücktreten.

Okt./Nov. In Thüringen ähnlicher Konflikt wie in Sachsen.

21. Okt. Die Franzosen lassen in Aachen durch deutsche Separatisten die **„Rheinische Republik"** ausrufen. Der Versuch scheitert schnell am Widerstand der Bevölkerung sowie an der Ablehnung Großbritanniens.

Die deutsche **Inflation erreicht ihren Höhepunkt**.

8./9. Nov. **Hitler-Putsch** in München: In der Nacht zum 9. Nov. erklärt Adolf Hitler (* 1889, † 1945; seit 1921 Vorsitzender der NSDAP) die Regierungen des Reichs und Bayerns für abgesetzt und sich selbst zum Reichskanzler. Der Demonstrationszug der Putschisten wird durch Maschinengewehrfeuer der Polizei zerstreut. Hitler wird verhaftet und später zu Festungshaft verurteilt.

15. Nov. Neue Währungsordnung und **Ende der Inflation**.

1924 9. April Der **Dawesplan** zur Regelung des Reparationenproblems bestimmt die Zahlungsweise in festen Raten, jedoch nicht die endgültige Höhe und Dauer der Zahlungen.

4. Mai **Reichstagswahlen**. Gewinne der Kommunisten, der Deutsch-Völkischen Freiheitspartei und der Deutschnationalen auf Kosten von SPD, DDP, DVP.

11. Okt. Einführung der **Reichsmark**.

7. Dez. **Reichstagswahlen** nach vorzeitiger Auflösung. Starke Verluste der Kommunisten und Völkischen zugunsten der SPD u. a. gemäßigter Parteien als Erfolg der Überwindung der Staatskrise.

1925 Tod des Reichspräsidenten Ebert (28. Febr.)

26. April Generalfeldmarschall von **Hindenburg** als Kandidat der Rechtsparteien zum Reichspräsidenten gewählt.

Juli Beginn der **Räumung des Ruhrgebiets** durch Frankreich.

5.–16. Okt. Die **Konferenz von Locarno** (am Lago Maggiore) endet in einem Vertrag (1. Dez.) mit Belgien, Großbritannien, Frankreich, Italien, Polen und der Tschechoslowakei, der die Unverletzlichkeit der deutschen Westgrenze, die Entmilitarisierung des Rheinlandes und einen deutsch-polnischen Gewaltverzicht enthält.

1926 8. Sept. Das Deutsche Reich wird in den **Völkerbund** aufgenommen.

1927 16. Juli Gesetz zur Zwangsversicherung gegen Arbeitslosigkeit über die Reichsanstalt für Arbeitsvermittlung und **Arbeitslosenversicherung**.

1928 20. Mai **Reichstagswahlen**. Niederlage der Regierungsparteien, Gewinne der SPD.

28. Juni	Neue Regierung Hermann Müller (SPD; * 1876, † 1931), mit großer Koalition (SPD, DDP, Zentrum, DVP, BVP). Stresemann bleibt Außenminister.

Die Jahre der Wirtschaftskonjunktur gehen zu Ende. Sie sind für Deutschland infolge hoher Kapitalzufuhr, vor allem aus den USA, möglich gewesen. Im Winter 1928/1929 Anzeichen einer neuen Krise. Die **Erwerbslosenziffer** steigt auf über 2 Mio. Empfindliche Fehlbeträge im Reichshaushalt. Im Zusammenhang mit der beginnenden Krise Aufschwung der bisher bedeutungslosen **Nationalsozialisten**. Die Deutschnationalen und der Stahlhelm gehen zum offenen Kampf gegen die Republik über. Das Zentrum öffnet sich nach rechts.

1929 Juni	Der **Youngplan** zur endgültigen Regelung der Reparationsfrage legt Zahlungsraten und Laufzeit fest (vereinbart Jan. 1930).
3. Okt.	Tod Gustav Stresemanns.
25. Okt.	Der **Schwarze Freitag** an der Börse von New York leitet die große Weltwirtschaftskrise ein.
Ende 1929	Kassendefizit des Reiches 1,7 Mrd. RM.
1930 27. März	**Sturz der Regierung Müller** über die Frage einer Beitragserhöhung der Arbeitslosenversicherung.
30. März	Heinrich Brüning (Zentrum; * 1885, † 1970) bildet sein **Minderheitskabinett**, die Sozialdemokraten werden ausgeschaltet. Von vornherein klarer Wille Brünings, die **verfassungsmäßigen Möglichkeiten des Reichspräsidenten** auszunutzen.
18. Juli	Auflösung des Reichstages.
14. Sept.	**Reichstagswahlen**. Gewinne der Kommunisten, sensationeller **Anstieg der NSDAP** von zwölf auf 107 Mandate.
1. Dez.	Notverordnung Brünings: Deflationistische Wirtschaftspolitik. Der Haushalt wird jedoch nicht ausgeglichen.
Ende Dez.	4,4 Mio. Arbeitslose.
1931	Während des ganzen Jahres zunehmende Radikalisierung des innenpolitischen Kampfes, v. a. durch die Nationalsozialisten.

11. Mai	Der Zusammenbruch der **Österreichischen Credit-Anstalt** wirkt alarmierend auf Wirtschaft und Politik in ganz Europa. In Deutschland folgt die Darmstädter und Nationalbank (13. Juli). Die **Finanzkrise** wird allgemein.
13. Juli	**Bankkrach**. Schließung der Banken, Sparkassen und Börsen (14. Juli).
Aug.	Notverordnung mit Vollmachten an die Länder.
11. Okt.	Tagung der Nationalsozialisten, der Deutschnationalen und des Stahlhelms (Bund der Frontsoldaten, nationalkonservativ) in Bad Harzburg. Bildung der **Harzburger Front** zur Neuformierung der nationalistischen Opposition.
16. Dez.	**Bildung der Eisernen Front** (SPD, Gewerkschaften, Arbeitersportverbände, Reichsbanner Schwarz-Rot-Gold).
1932	Die **Arbeitslosenziffer übersteigt die 6-Millionen-Grenze**.
10. April	**Reichspräsidentenwahl** (zweiter Wahlgang): Hindenburg 19,4 Mio., Hitler 13,4 Mio., Thälmann 3,7 Mio., **Hindenburg wiedergewählt**. Klare Entscheidung für die Republik und gegen Hitler.
24. April	Die Landtagswahlen in Preußen, Bayern, Württemberg, Anhalt und Hamburg bringen ein starkes Anwachsen der NSDAP.
30. Mai	**Brüning tritt** mit seinem Kabinett **zurück** als Opfer von Intrigen.
1. Juni	**Franz von Papen** (3. Juni Austritt aus der Zentrumspartei; * 1879, † 1969) bildet ein „Kabinett der nationalen Konzentration" ohne parlamentarische Mehrheit und löst den Reichstag auf.
16. Juni–9. Juli	Konferenz in Lausanne: **Ablösung der deutschen Reparationsschuld** durch eine einmalige Abfindungssumme von 3 Mrd. Reichsmark.
17. Juli	Altonaer Blutsonntag, ein Höhepunkt bürgerkriegsähnlicher Auseinandersetzungen mit der NSDAP-Wehrorganisation SA, die zielstrebig Straßenkämpfe mit Kommunisten provoziert.

20. Juli **Preußenputsch:** Durch Notverordnung und mit Hilfe des militärischen Ausnahmezustandes wird die geschäftsführende Regierung Otto Braun (* 1872, † 1955; SPD; seit 1920 fast ununterbrochen preußischer Ministerpräsident) ihres Amtes enthoben, der sozialdemokratische Einfluß beseitigt.

31. Juli **Reichstagswahlen**. Die liberalen und kleineren bürgerlichen Parteien verlieren zugunsten der **Nationalsozialisten**, die die stärkste Fraktion stellen (Reichstagspräsident Hermann Göring; * 1893, † 1946).

12. Sept. Erneute Auflösung des Reichstags und **Reichstagswahlen**. Rückgang der NSDAP.
6. Nov.

17. Nov. **Rücktritt des Kabinetts Papen**.

3. Dez. General Kurt von **Schleicher**(* 1882, † 1934) wird **Reichskanzler**.

Schwere Krise der NSDAP, die vor der Gefahr der Spaltung steht.

1933

28. Jan. **Schleicher tritt** als Reichskanzler **zurück.**

Die nationalsozialistische Diktatur (1933–1945)

Die Nationalsozialistische Deutsche Arbeiterpartei **(NSDAP)** geht auf die am 5. Jan. 1919 in München gegründete Deutsche Arbeiterpartei (DAP) zurück, deren bestimmende Figur 1919/1920 **Adolf Hitler** wird. Der durch die „Weltanschauung" von der „arischen Herrenrasse" und „jüdischen Weltgefahr" fanatisierte Propagandaredner, seit Juli 1921 Parteivorsitzender mit diktatorischen Vollmachten, nutzt die in der Niederlage 1918 entstandenen Enttäuschungen und Ängste demagogisch aus. Die Partei steigt als militante, straff gegliederte Organisation zum Bundesgenossen, dann Koalitionspartner (1933) der antirepublikanischen Rechten auf. Erklärungen hierfür sind neben dem zielstrebigen Aufbau des **Führermythos** in einer vielfach als orientierungslos empfundenen Krisenzeit eine Volksgemeinschaftsideologie, perfekte Propaganda, militärisch-mitreißendes Auftreten, aber auch demonstrativ-gewaltsames Durchsetzen (SA-Terror) gegen den innenpoliti-

schen Gegner. Entscheidend wird schließlich das erfolgreiche Ausnutzen der **Weltwirtschaftskrise**, die die Regierungen der Republik schwach und uneinig erscheinen läßt und für welche die NS-Propaganda leicht faßliche Erklärungsmuster (in Gestalt von Feindbildern wie Siegermächten, Juden, Marxismus) bereithält.
Im Zuge der „Machtergreifung" vollzieht sich 1933/1934 eine wechselseitige **Durchdringung von Partei- und Staatsapparat**.
Durch die noch von Brüning eingeleitete Lösung des Reparationsproblems wird die **expansive Wirtschaftspolitik** des Hitler-Regimes erleichtert, deren finanzpolitisches Mittel eine zunehmende öffentliche Verschuldung und deren wirtschaftspolitische Voraussetzung eine wachsende **staatliche Verfügung über die gesamte Wirtschaft** sind. Nach anfänglichen Maßnahmen zur Behebung der Arbeitslosigkeit und dem Beginn des Autobahnbaus (1933) wird 1934 die infolge von Staatsaufträgen in Gang gesetzte militärische **Aufrüstung** zunehmend zum Motor des wirtschaftlichen Wiederaufstiegs.
Auf den Kriegsausbruch wird – statt mit Kriegsanleihen – durch einen „Kriegsbeitrag" der Länder und Gemeinden sowie durch Steuererhöhungen reagiert; die Einnahmen des Reichs steigen beträchtlich, ohne dem Hochschnellen der unmittelbaren Kriegsausgaben folgen zu können. Die schon nach dem Ersten Weltkrieg eingetretene **Währungskatastrophe** zu Lasten der Geldvermögen steht damit erneut bevor.

Herrschaftsstabilisierung und Kriegsvorbereitung (1933–1939)

1933
30. Jan. Hindenburg beruft **Adolf Hitler** zum **Reichskanzler**; Papen wird Vizekanzler und Reichskommissar in Preußen (Sachkenntnis und Ansehen der parteilosen Fachminister sind für Hitler hauptsächlich in den ersten Jahren seines Regimes wichtig).

1. Febr. Auflösung des Reichstags.

11. Febr. Der preußischen Polizei wird eine Hilfspolizei (v. a. aus SA und SS) an die Seite gestellt.

27. Febr. **Reichstagsbrand** in Berlin.
Der Brand wird den Kommunisten zur Last gelegt. Verbot der kommunistischen, in Preußen auch fast der ganzen

sozialdemokratischen Presse. Verhaftungswelle, vor allem gegen kommunistische Funktionäre.

28. Febr. Die Verordnung des Reichspräsidenten **zum Schutz von Volk und Staat** setzt wichtige Grundrechte außer Kraft und leitet damit den Abbau der rechtsstaatlichen Grundlagen ein.
Zahlreiche, z.T. nur angebliche politische Gegner werden in „Schutzhaft" genommen, die ersten Konzentrationslager (KZ) eingerichtet unter Bewachung der Parteipolizei SS, die 1925 innerhalb der SA gegründet wurde und nun rasch ausgebaut wird.

5. März **Reichstagswahlen**. Behauptung der Sozialdemokraten, des Zentrums und der Deutschnationalen (letztere in der „Kampffront Schwarz-Weiß-Rot" mit dem Stahlhelm). Anstieg der Nationalsozialisten auf 44 %, vor allem mit Hilfe der bisherigen Nichtwähler und der Jungwähler (Wahlbeteiligung 89 %). Zusammen mit der Kampffront Schwarz-Weiß-Rot erreichen die Nationalsozialisten eine absolute Mehrheit von 52 %. Diese Zahlen stellen einen Ausdruck der Krise und der Massenpsychose der „nationalen Revolution" dar, der sich jedoch 56 % der Wähler entziehen können.

5.–10. März Absetzung aller noch nicht nationalsozialistisch geführten Länderregierungen und Einsetzung von „Reichskommissaren" (später „Reichsstatthaltern"): **Gleichschaltung**.

13. März Joseph Goebbels (* 1897, † 1945) Reichsminister für Volksaufklärung und Propaganda.

24. März „Gesetz zur Behebung der Not von Volk und Reich" **(Ermächtigungsgesetz):** Gesetze können von der Reichsregierung, außerhalb des in der Verfassung vorgesehenen Verfahrens und von der Verfassung abweichend, erlassen werden; Befristung auf vier Jahre. Das Gesetz wird am 23. März von der NSDAP, DNVP (Deutschnationale), dem Zentrum und den kleineren Parteien (bei Ausschluß der Kommunisten) gegen die Stimmen allein der SPD angenommen.

1. April	Organisierung des **Boykotts jüdischer Geschäfte** als Beginn der Verdrängung der Juden aus Wirkungsbereichen und Berufen aller Art.
2. Mai	Am Tage nach der ersten nationalsozialistischen Maifeier Besetzung der Gewerkschaftshäuser, **Aufhebung der Gewerkschaften**.
10. Mai	Bildung der „Deutschen Arbeitsfront" als faktische Zwangsvereinigung von Arbeitern, Angestellten und Unternehmern.
Juni/Juli	Selbstauflösung aller noch bestehenden bürgerlichen Parteien unter Druck.
22. Juni	Verbot der SPD, deren Parteiführer teils verhaftet werden, teils emigrieren.
14. Juli	Gesetz gegen die Neubildung von Parteien. Die **NSDAP** ist von nun an die **einzige Partei** im Deutschen Reich.
27. Sept.	**Beginn des Kirchenkampfes** in der evangelischen Kirche zwischen den offiziell geförderten Deutschen Christen und der im Entstehen begriffenen Bekennenden Kirche.
4. Okt.	Das Schriftleitergesetz führt (zusammen mit dem Reichskulturkammergesetz vom 22. Sept.) die kulturelle und geistige „Gleichschaltung" weiter.
14. Okt.	Das **Deutsche Reich** erklärt seinen **Austritt aus dem Völkerbund**.

Die Stabilisierung der NS-Herrschaft: Der Reichstag besitzt nur noch dekorative Bedeutung im **Führerstaat** mit totalitärem Anspruch (das Ermächtigungsgesetz wird mehrfach erneuert). Die bei beginnendem allgemeinem Konjunkturaufschwung festzustellende Verbesserung der **Wirtschaftslage** läßt 1933 die Arbeitslosenziffer von sechs auf vier Millionen (noch ohne Auswirkung der Aufrüstung) sinken und trägt zur Stabilisierung des Regimes bei.

1934 20. April	Ernennung des SS-Reichsführers (1929–1945) Heinrich Himmler (* 1900, † 1945) zum Chef des Geheimen Staatspolizeiamts in Preußen (Entstehung der **Gestapo** seit Frühjahr 1933).

30. Juni **Röhm-Affäre**. Unter dem Vorwand einer angeblichen Verschwörung werden SA-Stabschef Ernst Röhm (* 1887), zahlreiche hohe SA-Führer u. a. (insgesamt etwa 85 Opfer) in einer schlagartig durchgeführten **Mordaktion** mit Hilfe der Geheimen Staatspolizei und der SS ohne gerichtliche Urteile umgebracht.

20. Juli Die SS wird aus der Unterordnung unter die SA gelöst und unter Befehl des SS-Reichsführers Himmler unmittelbar Hitler unterstellt.

2. Aug. **Tod Hindenburgs**. Gesetz „über das Oberhaupt des Deutschen Reichs“: Die Befugnisse des Reichspräsidenten gehen auf den **Führer und Reichskanzler Adolf Hitler** über. Sofortige Vereidigung der Wehrmacht auf Hitler.

1935 13. Jan. Abstimmung im Saargebiet: 91 % für Rückgliederung an das Deutsche Reich.

16. März Deutschland sagt sich von den Rüstungsbeschränkungen des Versailler Vertrags los und führt die **allgemeine Wehrpflicht** ein.

18. Juni **Deutsch-britisches Flottenabkommen:** Großbritannien erklärt sich mit der deutschen Seeaufrüstung bis zu 35 % der britischen Kriegsflotte einverstanden.

Sept. Reichsparteitag mit den antisemitischen **„Nürnberger Gesetzen“:**

15. Sept. Im „Gesetz zum Schutz des deutschen Blutes und der deutschen Ehre“ werden Ehen mit Juden verboten. Der Nachweis „arischer“ Abstammung ist hinfort Vorbedingung für jede öffentliche Anstellung. Fortschreitende Ausschaltung und Ausnahmerechtsstellung der Juden. Bis zum Herbst 1938 wandern rund 170 000 Juden – 1/3 ihrer Gesamtzahl – aus Deutschland aus.

1936
7. März **Deutsche Truppen besetzen** das entmilitarisierte **Rheinland**. Auch diesmal kaum Widerstand der Ententemächte.

1. Aug. Eröffnung der **XI. Olympischen Sommerspiele in Berlin**.

25. Okt. Deutsch-italienischer Vertrag begründet die **„Achse Berlin-Rom“**. Das Deutsche Reich erkennt die Annexion

Abessiniens durch Italien an; beide Mächte vereinbaren einheitliches Vorgehen in der spanischen Frage (Bürgerkrieg in Spanien 1936–1939).

1937 14. März — Papst Pius XI. nimmt durch die Enzyklika „Mit brennender Sorge" scharf gegen die nationalsozialistische Kirchenpolitik Stellung.

5. Nov. — Hitler gibt den militärischen Oberbefehlshabern den Entschluß bekannt, die angeblichen Raumprobleme auf dem Wege der Gewalt zu lösen. Nahziele: Österreich und die Tschechoslowakei (festgehalten in der sog. **Hoßbach-Niederschrift**).

1938 Febr. — **Fritsch-Krise**. Bedenken der Oberbefehlshaber führen nach der Bespechung vom 5. Nov. 1937 zur Entlassung des Reichskriegsministers von Blomberg und des Oberbefehlshabers des Heeres, Generaloberst von Fritsch (durch Generaloberst von Brauchitsch ersetzt).

12. März — Einmarsch in Österreich nach vorausgegangenem Ultimatum und erzwungenem Rücktritt des Bundeskanzlers Kurt Schuschnigg (* 1897, † 1977).

13. März — Der **Anschluß Österreichs** an das Deutsche Reich ist vollzogen (durch Volksabstimmung vom 10. April nachträglich bestätigt). Da die Mächte anderweitig festgelegt sind und insbesondere die britische Politik unter Premier A. Neville Chamberlain (* 1869, † 1940) an einem Ausgleich mit Deutschland interessiert ist (appeasement policy), wird der Anschluß allgemein als vollzogene Tatsache hingenommen.

27. Aug. — Rücktritt des Chefs des Generalstabs des Heeres, Generaloberst Beck, der Hitlers Kriegspolitik ablehnt.

Sept. — **Sudetenkrise:** Hitler fordert die Abtretung der sudetendeutschen Gebiete der Tschechoslowakei an das Deutsche Reich.

29. Sept. — **Münchner Konferenz** (Deutschland, Italien, Großbritannien, Frankreich) beschließt die Abtretung der sudetendeutschen Gebiete. Damit haben die Westmächte den Forderungen Hitlers erneut nachgegeben.

9./10. Nov. **„Reichskristallnacht“:** Goebbels organisiert „spontane“ Ausschreitungen gegen die Juden. 91 Morde, Zerstörung bzw. schwere Beschädigung von jüdischen Wohnungen und über 7000 Geschäften sowie fast aller Synagogen im Reich, insbesondere durch SA und aufgehetzte Jugendliche.

Kurz darauf Beschlagnahme allen jüdischen Eigentums, den deutschen Juden auferlegte Sondersteuer (1 Mrd. Reichsmark), etwa 30 000 Verhaftungen von Juden. Endgültige Ausschaltung der Juden aus dem Wirtschaftsleben.

1939 Deutscher Einmarsch in die Rest-Tschechoslowakei (15. März).

16. März Hitler läßt in Prag einen „Erlaß über das **Protektorat Böhmen und Mähren**“ verkünden: Auch der tschechische Teil der Tschechoslowakei wird dem Deutschen Reich eingegliedert.

Der Bruch von Hitlers Versprechungen, die 1938 vereinbarten Grenzen zu respektieren, führt zum **Ende der britischen appeasement policy** und bedeutet unmittelbare Kriegsgefahr bei einer Fortsetzung der Revisionsforderungen.

21. März Die Reichsregierung fordert von Polen u. a. die Rückgabe Danzigs.

31. März Britisch-französische Garantieerklärung für Polen.

15. April Botschaft von US-Präsident Franklin D. Roosevelt (* 1882, † 1945) an Hitler und Mussolini mit der Aufforderung, sich weiterer Überfälle zu enthalten, und mit dem Vorschlag zu einer internationalen Konferenz. Mussolini und Hitler antworten ablehnend.

22. Mai Abschluß eines Militärbündnisses zwischen Italien und dem Deutschen Reich **(„Stahlpakt“)**.

23. Aug. Deutsch-Sowjetischer Nichtangriffspakt **(Hitler-Stalin-Pakt)**; Verständigung über die Zukunft Ost-Mitteleuropas, das in Interessensphären (zur deutschen gehört der größte Teil Polens) eingeteilt wird.

Brief Chamberlains an Hitler warnt vor einem Krieg und

	erklärt, daß Großbritannien seiner Bündnispflicht gegenüber Polen nachkommen werde.
25. Aug.	**Britisch-polnischer Bündnisvertrag** zum Zweck der gegenseitigen Beistandsleistung unterzeichnet.
26. Aug.	Die Rationierung der Lebensmittel in Deutschland tritt in Kraft (Ausgabe von Lebensmittelkarten).
1. Sept.	Beginn des Krieges durch den **deutschen Angriff auf Polen**.
3. Sept.	Großbritannien und Frankreich erklären dem Deutschen Reich den Krieg.

Das Dritte Reich und der Zweite Weltkrieg (1939–1945)

Adolf Hitler hat am 4. Febr. 1938 den persönlichen **Oberbefehl über die Wehrmacht** übernommen. Das 1938 gebildete Oberkommando der Wehrmacht ist jedoch den Wehrmachtsteilen Heer, Marine und Luftwaffe nicht übergeordnet. Im Gegensatz zu den militärischen Stellen, bei denen im Laufe des Krieges ein immer schnellerer Wechsel eintritt, behält Hitler im zivilen Sektor die einmal Ernannten möglichst lange bei; für dringende Aufgaben ernennt er immer mehr Sonderbeauftragte. So entstehen viele Hitler unmittelbar unterstellte und unter sich nicht ausreichend abgegrenzte Behörden, was im Effekt einen Verwaltungswirrwarr entstehen läßt. Auch werden die Verantwortlichen immer seltener zum Vortrag zugelassen, da sich Hitler vom Sommer 1941 an fast ausschließlich der militärischen Führung hingibt.

1939	Die **Rote Armee rückt nach Ostpolen ein** (17. Sept.).
28. Sept.	In Moskau unterzeichnen die beiden Außenminister Wjatscheslaw M. Molotow (* 1890, † 1986) und Joachim von Ribbentrop (* 1893, † 1946) einen **Deutsch-Sowjetischen Grenz- und Freundschaftsvertrag**.
25. Okt.	Rest-Polen (zwischen den deutschen „Eingegliederten Ostgebieten" und der sowjetischen Interessensphäre) wird als „**Generalgouvernement** für die besetzten polnischen Gebiete" zu einer Art „Nebenland" des Reiches. Während die „Eingegliederten Ostgebiete" durch Vertrei-

bung der Polen und Ansiedlung von Deutschen aus den Baltischen Staaten „germanisiert" werden, beginnt im Winter 1939/1940 die physische Ausrottung der polnischen Führungsschicht im „Generalgouvernement".

Okt. Mit Hilfe einer auf den 1. Sept. 1939 zurückdatierten **Euthanasie-Verordnung** wird die Vernichtung der unheilbar Geisteskranken eingeleitet. Die Aktion wird vor der Öffentlichkeit weitgehend verschleiert.

1940

9. April Beginn des **Unternehmens „Weserübung"** zur Besetzung Dänemarks und Norwegens durch deutsche Truppen. Die norwegischen Streitkräfte leisten Widerstand. Die deutsche Flotte erleidet schwere Verluste.

10. Mai Von der Nordsee bis zur Südgrenze Luxemburgs beginnt unter Verletzung der Neutralität der Niederlande, Belgiens und Luxemburgs die deutsche **Westoffensive** mit dem Ziel, Frankreich zur Waffenstreckung zu zwingen, ein Arrangement mit Großbritannien zu erreichen und danach die Wendung nach Osten, gegen die Sowjetunion, zu vollziehen.

Rücktritt der britischen Regierung Chamberlain; Kriegskoalition unter Winston Churchill (* 1874, † 1965).

14. Mai Nach deutschen Luftlandungen im Zentrum der Niederlande und einer **Bombardierung Rotterdams** (über 900 Tote) wird der Kampf in den Niederlanden eingestellt (Unterzeichnung der militärischen **Kapitulation** am 15. Mai).

19. Mai Die über die Maas bei Sedan gesetzte deutsche Panzergruppe von Kleist erreicht Abbéville und die Somme-Mündung. Damit sind sämtliche nördlich dieses „Sichelschnittes" befindlichen alliierten Kräfte von den Landverbindungen abgeschnitten.

4. Juni Die Evakuierung des britischen Expeditionskorps aus Dünkirchen (Unternehmen „Dynamo") ist abgeschlossen: Insgesamt 1,2 Mio. französischer, britischer, belgischer und niederländischer Soldaten befinden sich in deutscher Kriegsgefangenschaft.

10. Juni Der italienische faschistische Diktator Benito Mussolini (* 1883, † 1945) verkündet den **Kriegseintritt Italiens**.

14. Juni **Paris** wird kampflos von deutschen Truppen besetzt.

17. Juni **Marschall Philippe Pétain** (* 1856, † 1951) bildet eine neue französische Regierung.

18. Juni **General Charles de Gaulle** (Unterstaatssekretär im französischen Kriegsministerium; * 1890, † 1970) erklärt sich in London zum „Führer der Freien Franzosen" und fordert zur Fortsetzung des militärischen Widerstandes an der Seite Großbritanniens auf.

22. Juni Im Wald von Compiègne wird ein deutsch-französischer **Waffenstillstand** unterzeichnet. Er sieht die Besetzung Frankreichs nördlich der Linie Genf – Tours sowie der französischen Atlantikküste bis zur spanischen Grenze vor (deutsche Militärverwaltung), beläßt jedoch die (zu demobilisierende) Flotte sowie das Kolonialreich in der Hand der französischen Regierung; 1,9 Mio. französische Soldaten sind in deutscher Kriegsgefangenschaft.

13. Aug. Ein verschärfter deutscher **Luftkrieg gegen Großbritannien** wird mit dem Ziel eingeleitet, die Luftherrschaft als Voraussetzung für eine erfolgreiche Invasion zu erringen.

27. Sept. In Berlin wird ein **„Dreimächtepakt"** Deutschland – Italien – Japan unterzeichnet: Durch die Drohung mit einem Zwei-Ozean-Krieg soll ein Eingreifen der USA in den europäischen oder in den ostasiatischen Krieg verhindert werden.

18. Dez. Hitler unterzeichnet die **„Weisung Nr. 21 (Fall Barbarossa)"**, die die deutsche Wehrmacht darauf vorbereitet, „auch vor Beendigung des Krieges gegen England die UdSSR in einem schnellen Feldzug niederzuwerfen".

1941

11. Febr. Die ersten Teile des **„Deutschen Afrika-Korps"** (General Erwin Rommel [* 1891, † 1944]) treffen in Tripolis ein.

30. März In einer Rede vor über 200 Befehlshabern der Wehrmacht kündigt Hitler für den Rußlandfeldzug eine radikale Krieg-

führung ohne Beispiel (rassenideologischer Vernichtungskrieg) und ohne Bindung an die kriegsrechtlichen Normen an.

24. Mai — Bei einem Unternehmen im Atlantik vernichtet das deutsche **Schlachtschiff „Bismarck“** das größte britische Kriegsschiff, den Schlachtkreuzer „Hood“, wird aber selbst am 27. Mai von überlegenen britischen Streitkräften versenkt. Damit kommt der Einsatz deutscher Überwasserschiffe im Atlantik faktisch zum Erliegen.

21. Juni — Hinter den drei an der Ostgrenze aufmarschierten Heeresgruppen sind vier **Einsatzgruppen** der Sicherheitspolizei und des aus der SS hervorgegangenen Sicherheitsdienstes – SD (insgesamt ca. 3000 Mann) – zusammengezogen, die auf dem eroberten sowjetischen Territorium „Sonderaufgaben“ zu erfüllen haben, deren wichtigste die **systematische Tötung aller Juden** („Ostjudentum“ in Hitlers Ideologie als „Reservoir des Bolschewismus“ fixiert) ist. Der rassenideologische Krieg beginnt.

22. Juni — Auf Befehl Hitlers tritt das deutsche Ostheer zum Überraschungsangriff auf die Sowjetunion an. **Ziel** ist es, möglichst in Kesselschlachten (Umfassungsschlachten) westlich von Düna und Dnjepr die Rote Armee zu zerschlagen und danach den größten Teil des europäischen Rußlands in Besitz zu nehmen.

Die Rote Armee wird vom deutschen Angriff weitgehend überrascht, da der sowjetische Partei- und Regierungschef Josef Stalin (* 1879, † 1953) alle britischen und amerikanischen Warnungen vor einem deutschen Angriff als Provokation betrachtet und bis zuletzt bemüht bleibt, sich mit Hitler zu arrangieren.

8. Juli — Hitler verkündet seinen Entschluß, Moskau und Leningrad dem Erdboden gleichmachen zu wollen.

9. Juli — Die erste große **Kesselschlacht** (bei Białystok und Minsk) ist abgeschlossen: fast 330 000 sowjetische Kriegsgefangene.

8. Sept. — Mit der Einnahme von Schlüsselburg am Ladoga-See ist

Leningrad von allen Landverbindungen abgeschnürt. Hitler hält den Angriff der Heeresgruppe Nord auf Leningrad an und befiehlt die Aushungerung der Millionenstadt, die nur über den Ladoga-See notdürftigst versorgt werden kann.

19. Sept. **Kiew** wird von deutschen Truppen erobert.

2. Okt. Die Heeresgruppe Mitte tritt aus dem Raum ostwärts Smolensk bis Orel wieder zum **Angriff auf Moskau** an (Unternehmen „Taifun"). Die Offensive bringt nicht das erfolgreiche Ende des Unternehmens „Barbarossa".

Daher in Deutschland **Rückschlag in der** allgemeinen **Stimmung**, die durch die Nachrichten über die unzureichende Winterbekleidung des Ostheeres und durch die von Goebbels überstürzt eingeleitete Sammlung von wärmenden Kleidungsstücken noch verschlechtert wird. Zuversicht stellt sich erst wieder ein, als im Frühjahr 1942 an der Ostfront abermals militärische Erfolge erzielt werden.

5. Dez. Hitler sagt den Japanern Hilfe im Falle eines Krieges gegen die Vereinigten Staaten zu.

5./6. Dez. Mit der **sowjetischen Gegenoffensive** ist das Unternehmen „Barbarossa" als gescheitert anzusehen.

7. Dez. Japan eröffnet den Pazifik-Krieg mit einem Überfall auf die amerikanische Flotte in **Pearl Harbor**, der diese zunächst weitgehend außer Gefecht setzt.

11. Dez. **Hitler erklärt den USA den Krieg**, ohne dazu vertragsrechtlich verpflichtet zu sein.

16. Dez. Hitler fordert die Soldaten der deutschen Ostfront zum „fanatischen Widerstand" auf und verbietet angesichts der massiv vorgetragenen sowjetischen Offensive, vor allem in der Mitte der Front, im Raume um Moskau, jede **operative Rückzugsbewegung**. Auch wegen der äußerst strengen Winterkälte, auf die das deutsche Ostheer völlig unzureichend vorbereitet ist, droht wiederholt ein Zusammenbruch.

19. Dez. **Hitler übernimmt** den Oberbefehl über **das Heer**.

Gewaltsame Unterdrückungsmaßnahmen – Ausrottung der Juden („Endlösung"): Die sämtlich der ordentlichen Gerichtsbarkeit entzogenen **Konzentrationslager** (KZ) nehmen im Laufe des Krieges an Zahl und Umfang gewaltig zu: Dachau (nordwestlich von München), Buchenwald (bei Weimar), Oranienburg („Sachsenhausen", nördlich von Berlin), Ravensbrück (Fürstenberg/Havel), Auschwitz (westlich von Krakau), Flossenbürg (Oberpfalz) u. a. In die Lager werden politische Gegner, Kriminelle und „Asoziale" überführt, auch Geistliche beider Konfessionen, Angehörige religiöser Sekten, Homosexuelle u. a.

Ab Febr. 1942 werden die KZ auch **in den Dienst der Wehrwirtschaft** gestellt (Aufbau von Fabriken in und bei den KZ) und Fremdarbeiter in sie eingeliefert, auch Gefängnisinsassen der besetzten Länder. – Die Geschichte der KZ ist eine einzige Geschichte menschlichen Leidens. Insassen werden mit Hilfe von Ärzten zur Durchführung medizinischer Experimente mißbraucht und kommen dabei zu Tode. Die Versuche, die KZ, an die die Front heranrückt, vor Eintreffen der Gegner zu evakuieren, führen zur Überbelegung der anderen Lager und damit zu Zuständen, in denen Unzählbare zugrunde gehen.

Besondere Lager **(Vernichtungslager)** dienen dazu, die schon vor Beginn des Krieges eingeleitete systematische Verfolgung der Juden gesteigert zu Ende zu führen. Mit Beginn des Rußlandfeldzugs (22. Juni 1941) wird durch die Einsatzgruppen des SS-Sicherheitsdienstes (SD) die **Ausrottung der Juden** in den eroberten sowjetischen Gebieten eingeleitet. Ende Juli 1941 wird diese „Endlösung" auf alle im deutschen Macht- und Einflußbereich liegenden Gebiete West-, Mittel-, Süd- und Südosteuropas ausgedehnt. Dieser Aktion widersetzen sich nur Italien, ab Ende 1942 Rumänien, bis März 1944 auch Ungarn erfolgreich. Ein Teil der Juden wird zur Zwangsarbeit gebracht, eine „Auslese" bleibt im Lager Theresienstadt (Böhmen; Terezín). Die große Mehrheit wird durch Vernichtungsaktionen in bestimmten Lagern mit Hilfe von Gaskammern umgebracht, so daß schließlich **Millionen getötet** sind (Gesamtzahl mit 4,2–5,7 Mio. hauptsächlich nichtdeutschen Juden errechnet).

1942 11. Jan. Nachdem mit dem Kriegseintritt der USA die auf Hitlers Weisungen zurückgehenden Hemmnisse für die U-Boot-Kriegführung im Atlantik entfallen sind, wird der

	U-Boot-Krieg sprunghaft intensiviert und räumlich ausgedehnt. Die „Schlacht im Atlantik" nähert sich seit Aug. 1942 ihrem Höhepunkt.
20. Jan.	In der **Wannseekonferenz** wird den Staatssekretären der wichtigsten Reichsministerien mitgeteilt, die „Endlösung der Judenfrage" solle durch Deportation und Ausrottung der Juden im ganzen deutschbesetzten Europa durchgeführt werden.
März	Der **Partisanenkrieg** hinter der deutschen Front, der im Herbst 1941 im größeren Stil eingesetzt hat, weitet sich – als Folge der brutalen deutschen Besatzungspolitik sowie der Praktiken von Sicherheitspolizei und SD – immer mehr aus und bindet starke deutsche Kräfte im Hinterland.
28./29. März	Das britische „Bomber-Command" führt das erste **Flächenbombardement** auf eine deutsche Großstadt, Lübeck, durch: Zerstörung der Innenstadt; 320 Tote.
30./31. Mai	Erster **1000-Bomber-Angriff der Briten auf Köln** fordert 474 Tote und über 5000 Verletzte.
19. Aug.	Der Oberbefehlshaber der 6. deutschen Armee, General Friedrich Paulus, gibt den Befehl zum **Angriff auf Stalingrad**.
23. Okt.	Die britische 8. Armee (General Montgomery) eröffnet mit weit überlegenen Kräften eine Großoffensive gegen die deutsch-italienische „Panzerarmee Afrika" in der El-Alamein-Stellung. Gegen Hitlers Befehl „Halten um jeden Preis" leitet Rommel am 4. Nov. einen weiträumigen Rückzug ein.
11. Nov.	Das bisher unbesetzte Frankreich wird von der deutschen Wehrmacht okkupiert.
19. Nov.	Aus den Don-Brückenköpfen nordwestlich von Stalingrad beginnt eine sowjetische Großoffensive.
22. Nov.	Die sowjetischen Angriffszangen treffen sich bei Kalatsch am Don. Damit ist die 6. deutsche Armee (ca. 250 000 Mann) zwischen Wolga und Don **im Raum Stalingrad eingeschlossen**. Die **Initiative an der deutsch-so-**

wjetischen Front ist endgültig auf die sowjetische Seite übergegangen.

1943
24. Jan. Im Rahmen der vom 14.–26. Jan. in **Casablanca** tagenden Konferenz zwischen Roosevelt und Churchill verkünden sie **die Formel von der „bedingungslosen Kapitulation"** (Unconditional Surrender), zu der Deutschland, Italien und Japan gezwungen werden sollen. Sie schließen damit einen Waffenstillstand auch mit einer Nach-Hitler-Regierung in Deutschland aus. Gefordert wird nicht nur eine militärische, sondern auch eine staatlich-politische Kapitulation.

2. Febr. Mit der Kapitulation des Nordkessels ist das **Ringen um Stalingrad beendet**. Von den rd. 250 000 Mann, die sich anfangs im Kessel befanden, sind 34 000 Mann ausgeflogen worden. 130 000 geraten (nach sowjetischen Angaben) in Gefangenschaft; nach 1945 kehren ca. 6000 zurück. Stalin gibt am 7. Nov. 1943 an, daß 146 000 Gefallene gesammelt und verbrannt worden seien. –

Febr. Nach der Katastrophe, für die eine dreitägige Trauer angeordnet wird, fällt die Stimmung der Bevölkerung noch tiefer als im Vorwinter.

18. Febr. Reichspropagandaminister Joseph Goebbels ruft in einer **Rede im Berliner Sportpalast** zum „totalen Krieg" auf. In München werden nach Verbreitung eines Flugblattes der Widerstandsgruppe Weiße Rose („Wiederherstellung der Ehre – Kampf gegen die Partei") die Geschwister Hans und Sophie Scholl (* 1918 bzw. 1921) ergriffen und nach Todesurteil hingerichtet (22. Febr.).

19. April–
19. Mai **Aufstand im Warschauer Ghetto:** Nachdem über 300 000 der rd. 350 000 Juden des Ghettos ins Vernichtungslager Treblinka transportiert worden sind, kommt es beim Versuch der völligen „Liquidierung" des Ghettos zum Aufstand der Verzweifelten. SS- und Polizeiverbänden gelingt es erst in einem einmonatigen Kampf, den Widerstand zu brechen. Zahl der jüdischen Opfer: über 56 000.

13. Mai Die Reste der **„Heeresgruppe Afrika"** kapitulieren.

24. Mai **Großadmiral Karl Dönitz** bricht nach schweren Mißerfolgen die „Schlacht im Atlantik" ab. Damit ist die entscheidende Wende im U-Boot-Krieg eingetreten.

10. Juli Landung britischer und amerikanischer Streitkräfte im Südosten **Siziliens**.

17. Juli Am Donez beginnend, setzt eine sowjetische **Generaloffensive** ein: Am 6. Nov. fällt Kiew; am 4. Jan. 1944 überschreitet die Rote Armee die alte polnische Grenze (vor dem 1. Sept. 1939) in Wolhynien.

25. Juli Rücktritt und Verhaftung **Mussolinis**. Marschall Pietro Badoglio wird neuer Ministerpräsident Italiens.

6. Aug. Goebbels verkündet, daß die Berliner Bevölkerung evakuiert werden soll. – Alle Maßnahmen gegen den sich verschärfenden Bombenkrieg erweisen sich jedoch als unzulänglich.

8. Sept. Bekanntwerden des **Waffenstillstands der Regierung Badoglio mit den Alliierten**.

18. Nov. Es beginnt eine Serie von fünf Großangriffen britischer Bomber auf Berlin, die bis zum 3. Dez. über 8600 t Bomben abwerfen, 2700 Zivilisten töten und 250 000 Menschen obdachlos machen.

28. Nov.– 1. Dez. **Konferenz der „Großen Drei"** (Roosevelt, Stalin, Churchill) **in Teheran**: Festlegung der sowjetisch-polnischen Grenze auf der Curzon-Linie (1919). Churchill und Stalin betrachten die Oder als neue polnische Westgrenze, Deutschland soll aufgeteilt werden.

1944 6. Juni **Alliierte Invasion im Westen an der Normandie-Küste**. Schon am ersten Tag werden acht alliierte Divisionen gelandet. Damit ist die Invasion gelungen.

22. Juni Am Jahrestag des deutschen Angriffs 1941 beginnt eine **sowjetische Großoffensive** gegen die „Heeresgruppe Mitte". Sie führt in wenigen Tagen zu einer Katastrophe, die Stalingrad weit in den Schatten stellt.

Der 20. Juli 1944: Eine von Oberst i. G. **Claus Graf Schenk von Stauffenberg** (* 1907, † 1944) in das Führerhauptquartier gebrachte Bombe verletzt Hitler nur leicht. Stauffenberg und andere werden standrechtlich erschossen. Hitler macht durch eine Ansprache über den Rundfunk dem Gerücht, er sei getötet, ein Ende. Um Mitternacht ist der Aufstand niedergeschlagen. – **Ziel der Verschwörer** ist es, dem nationalsozialistischen Terror-Regime ein Ende zu bereiten, den Rechtsstaat in Deutschland wiederherzustellen und eine Regierung mit Generaloberst **Ludwig Beck** (* 1880, † 1944) als Staatsoberhaupt ans Ruder zu bringen. Die Zahl der im Zusammenhang mit dem 20. Juli **Verhafteten:** rund 7000. Die Zahl der Hingerichteten: etwa 200. Es ergibt sich, daß der Kreis der unmittelbaren und mittelbaren Mitwisser viel größer ist, daß er alle Richtungen, selbst leitende Parteimänner umfaßt und auch ein Regierungsprogramm vorbereitet ist.

31. Juli **Durchbruch der Amerikaner** durch den Westteil der deutschen Front leitet zum Bewegungskrieg über. Deutscher Rückzug auf eine improvisierte neue Linie: belgisch-niederländische Grenze – westlich Elsaß-Lothringens.

25. Aug. Die Amerikaner und De-Gaulle-Truppen rücken in **Paris** ein, dessen Zerstörung Hitler vergeblich befohlen hat (Weigerung des Stadtkommandanten Dietrich von Choltitz, diesen Befehl auszuführen).

8. Sept. Von beweglichen Abschußrampen beginnt der deutsche Einsatz von Raketengeschossen („V 2“) gegen London.

25. Sept. Alle waffenfähigen Männer zwischen 16 und 60 Jahren werden zum **Deutschen Volkssturm** aufgerufen, dessen Aufbau und Leitung den Gauleitern übertragen wird.

Ohne ausreichende Ausbildung und Ausrüstung werden diese Truppen in den Kampf geworfen, nachdem die deutschen Vorkriegsgrenzen jetzt im Osten und Westen vom Gegner erreicht sind. Daran schließen sich weitere Versuche an, die letzten Kräfte und Mittel zu mobilisieren.

1945
12. Jan. Vom Baranow-Brückenkopf aus beginnt eine sowjetische Großoffensive gegen die deutsche Ostfront, die sich in wenigen Tagen auf den gesamten Raum zwischen der Memel

Jan.–März und den Karpathen ausdehnt. Sie wird für die Bewohner der deutschen Ostgebiete zur Katastrophe. Sie versuchen, sich in Trecks nach Westen durchzuschlagen oder die Ostseebrückenköpfe zu erreichen, von denen aus die Kriegsmarine eine großangelegte Rettungsaktion durchführt. Für diejenigen, die von der Roten Armee eingeholt oder überrollt werden, bedeutet dies in den meisten Fällen Verschleppung, Vergewaltigung oder Tod.

4.–11. Febr. **Konferenz der „Großen Drei"** (Stalin, Roosevelt, Churchill) in Jalta (Krimkonferenz): In der **Deutschlandfrage** wird die Hinzuziehung Frankreichs als vierte Besatzungsmacht mit eigener Zone (auf Kosten der amerikanischen und britischen Zone) vereinbart. Die Reparationsfrage bleibt ungelöst.

12. Febr. Die deutschen Frauen und Mädchen werden zum Hilfsdienst für den Volkssturm aufgerufen, nachdem schon (seit Jan. 1943) Jungen (in der Endphase auch Mädchen) in den Luftwaffenhelfer-Einheiten Flakgeschütze bedienen.

13./14. Febr. Britischer und amerikanischer Luftangriff auf Dresden verwüstet die Innenstadt. Ca. 35 000 Opfer.

16. April Die Rote Armee beginnt an der Lausitzer Neiße und an der mittleren Oder den **Großangriff auf Berlin**.

25. April Die Amerikaner treffen mit der Roten Armee bei **Torgau** an der Elbe zusammen. Damit ist das noch von den Deutschen gehaltene Gebiet in zwei Teile zerschnitten, den Nord- und den Südraum.

30. April **Selbstmord Hitlers** im Bunker der Reichskanzlei in Berlin.

2. Mai **Kapitulation der Verteidiger von Berlin** vor der Roten Armee. Die sog. „Gruppe Ulbricht" (kommunistische Funktionäre) kehrt aus der Moskauer Emigration zurück und beginnt mit dem Aufbau eines kommunistisch beherrschten Verwaltungsapparats in Berlin.

7./9. Mai **Gesamtkapitulation der Wehrmacht** in Reims und Karlshorst.

5. Juni Die vier Hauptsiegermächte erklären mit der **Berliner**

Deklaration ihrer Militärbefehlshaber die Übernahme der obersten Regierungsgewalt in Deutschland.

26. Juni Unterzeichnung der Gründungsurkunde der **„United Nations Organization" (UNO)** durch die Vertreter von 51 Nationen in San Francisco.

17. Juli– 2. Aug. **Potsdamer Konferenz** der „Großen Drei" (Präsident Harry S. Truman [* 1884, † 1972] für die USA, Premierminister Churchill – ab 29. Juli infolge des Wahlsieges der Labour Party Clement Attlee [* 1883, † 1967] – für Großbritannien und Stalin für die UdSSR).

Deutschland seit 1945

Die 1945 vollzogene Besetzung und Aufteilung zerschlägt die gewachsenen Raumordnungen mit ihren Wechselbeziehungen. Die Beseitigung der obersten Reichsbehörden, die Auflösung der Parteiorganisationen und die Teilung der Verwaltungsgliederungen läßt auf allen Ebenen eine Anzahl unzusammenhängender, kaum handlungsfähiger **Behörden** entstehen. Die Geschichte der deutschen Länder und der entstehenden beiden Staaten ist daher zum Teil die Geschichte des **Wiederaufbaus** des Staatswesens. Die Niederlage und Teilung löst außerdem gewaltige Wanderbewegungen von Ost nach West aus. Da die **Flüchtlinge** und Vertriebenen durchweg mittellos sind, entstehen erhebliche Versorgungs- und Unterbringungsprobleme. Im politischen Raum hinterläßt das Dritte Reich ein Vakuum, das die Besatzungsmächte zu füllen suchen. Die Vorstellungen der Militärregierungen sind jedoch von den unterschiedlichen heimischen Vorbildern geprägt, weswegen die Verhältnisse in den Zonen bald auseinanderstreben. Die politischen Kräfte in Deutschland ihrerseits sind bestrebt, an die **demokratischen Traditionen** der Weimarer Republik anzuknüpfen, andererseits aber auch deren Verfassungsschwächen zu vermeiden. Allein die Kommunisten weisen das Vorbild Weimars ab und lehnen sich an das sowjetische Vorbild an. Aus diesen Ansätzen heraus treten Tendenzen zu einer inneren **Spaltung Deutschlands** auf, die im Kalten Krieg zwischen den Westmächten und der Sowjetunion zur Realität wird.

Besatzungszeit (1945–1949)

1945 5. Juni Aufteilung des Deutschen Reiches in vier Besatzungszonen: eine sowjetische, französische, britische und amerikanische.

17. Juli–2. Aug. Auf der **Potsdamer Konferenz** einigen sich die drei Hauptsiegermächte hinsichtlich Deutschlands u. a.:

- Die vier Oberbefehlshaber der Besatzungsmächte einschließlich Frankreichs sollen gemeinsam die oberste Gewalt ausüben (Kontrollrat in Berlin).

- Die **Gebiete östlich der Oder und der Görlitzer-Neiße** werden aus der Zuständigkeit des Kontrollrates herausgenommen und sowjetischer bzw. polnischer Verwaltung unterstellt.

8. Aug. Schaffung des Internationalen Militärtribunals in **Nürnberg.** Der **Prozeß** beginnt im November 1945 gegen 24 Hauptkriegsverbrecher, denen Bruch von Verträgen, Verbrechen gegen die Kriegführung und Massentötungen vorgeworfen werden.

30. Aug. Das Saargebiet wird durch eine französische Kommission verwaltet und in der Folge Frankreich wirtschaftlich angegliedert.

5.–7. Okt. Auf Einladung Kurt Schumachers (* 1895, † 1952) findet in Hannover eine Konferenz sozialdemokratischer Politiker statt; Schumacher wird zum Beauftragten der Sozialdemokraten (SPD) für die Westzonen gewählt.

10. Okt. Gründung der Christlich-Sozialen Union (CSU) durch Adam Stegerwald (* 1874, † 1945) in Würzburg.

17. Okt. Die US-Militärregierung bildet zur Koordination ehemaliger Reichsaufgaben in ihrer Zone einen **Länderrat**, bestehend aus den Ministerpräsidenten der Länder Hessen, Bayern und Württemberg-Baden.

1946 Gründung der Freien Demokratischen Partei (FDP) der britischen Zone in Opladen (6./7. Jan.)

12. Jan. Mit der **„Direktive Nr. 24“** leitet der Alliierte Kontrollrat die systematische **Entfernung von „Nationalsozialisten“** und Personen, die den alliierten Bestrebungen feindlich gegenüberstehen, aus öffentlichen Ämtern und aus Führungspositionen in der Industrie ein.

21./22. Jan. Erste Tagung des Zonenausschusses der CDU der britischen Zone in Herford. Der ehemalige Kölner Oberbürgermeister Konrad Adenauer (* 1876, † 1967) wird zum vorläufigen Vorsitzenden der CDU (britische Zone) gewählt (am 1. März 1946 endgültig).

25. April– 16. Mai Pariser Außenministerkonferenz (Erste Sitzungsperiode): Die UdSSR fordert die Sicherstellung von Reparationsliefe-

rungen aus Deutschland in die Sowjetunion sowie eine Vier-Mächte-Kontrolle über das Ruhrgebiet.

4. Mai — Der US-Militärgouverneur in Deutschland, General Lucius D. Clay (* 1897, † 1978), ordnet die Einstellung von Reparationslieferungen aus der US-Zone in die Sowjetunion an.

Aug. — Die Delegierten der **Gewerkschafts-Konferenz** in Bielefeld beschließen auf der Grundlage der „Industrial Relations Directive Nr. 16" (12. April) den Aufbau von autonomen Industrieverbänden, unterteilt in Berufsgruppen und Sparten, und entscheiden sich damit gegen gewerkschaftliche Berufsverbände.

23. Aug. — Die **Länder** Schleswig-Holstein, Hannover und Nordrhein-Westfalen werden innerhalb der britischen Zone gebildet.

30. Aug. — Die französische Besatzungsmacht verfügt die Bildung des Landes Rheinland-Pfalz.

30. Sept.–1. Okt. — Verkündung des Urteils in den **„Nürnberger Prozessen"**. Von den sog. Hauptkriegsverbrechern werden zwölf mit dem Tode bestraft, sieben zu Freiheitsstrafen verurteilt, in drei Fällen wird Freispruch zuerkannt. Die Korps der Politischen Leiter von SS, SD und Gestapo werden zu verbrecherischen Organisationen erklärt. An die Nürnberger Prozesse schließen sich zwölf, aufgrund der Ermächtigung des Kontrollrates vom 20. Dez. 1945 in der Zuständigkeit der US-Administration durchgeführte, sogenannte **„Nachfolgeprozesse"** u. a. gegen Diplomaten, Militärs, Wirtschaftsführer und Juristen an.

12. Okt. — Die „Kontrollratsdirektive Nr. 38" regelt die Verhaftung und Bestrafung von „Kriegsverbrechern, Nationalsozialisten und Militaristen". Sie teilt die Betroffenen in fünf Kategorien ein: I. Hauptschuldige, II. Belastete, III. Minderbelastete, IV. Mitläufer, V. Entlastete.

1. Nov. — Das Land Hannover wird unter Einbeziehung der ehemaligen Länder Braunschweig, Oldenburg und Schaumburg-Lippe zum Land Niedersachsen umgewandelt.

1947 1. Jan. Vereinigung der britischen und amerikanischen Zone (Bizone) in Kraft; dieses **Vereinigte Wirtschaftsgebiet** soll die Zusammenfassung der wirtschaftlichen Hilfsquellen beider Zonen fördern und den Außenhandel neu ordnen.

21./22. Jan. Bildung des Landes Bremen aus dem Land- und Stadtgebiet Bremen sowie dem Stadtkreis Wesermünde (rückwirkend auf 1. Jan. 1947).

25. Febr. „Der Staat **Preußen**, seine Zentralregierung und alle nachgeordneten Behörden" werden durch das alliierte Kontrollratsgesetz Nr. 46 **aufgelöst**.

29. Mai Abkommen der USA und Großbritanniens über die Neugestaltung der bizonalen Wirtschaftsverwaltung. Ein aus Mitgliedern der Länderparlamente zusammengesetzter Wirtschaftsrat, ein aus Vertretern der Länder gebildeter Exekutivrat und ein Direktorium werden eingesetzt.

5. Juni Der amerikanische Außenminister George C. Marshall (* 1880, † 1959) kündigt während einer Rede in der Harvard-Universität einen Plan für die wirtschaftliche Erneuerung Europas an: „European Recovery Programm" – ERP **(Marshallplan)**.

6.–8. Juni Treffen aller deutschen **Ministerpräsidenten** in München: Beratungsthemen sind die wirtschaftliche Einheit und die politische Zusammenfassung. Nachdem die westdeutschen Vertreter lediglich die Befugnis haben, über Wirtschaftsfragen zu verhandeln, und daher die Forderung abgelehnt wird, Fragen einer deutschen Zentralregierung zu erörtern, verlassen die sowjetzonalen Vertreter die Konferenz vorzeitig.

2. Juli Die Sowjetunion und später auf ihren Druck die Staaten ihres Hegemonialbereichs lehnen die Annahme der Marshallplan-Hilfe ab.

15. Dez. Nachdem die Außenministerkonferenz in London ohne konkrete Ergebnisse in der Deutschlandfrage vertagt werden muß, gehen die drei Westmächte dazu über, ihre Besatzungszonen ohne Berücksichtigung der sowjetischen Zone politisch aufzubauen.

1948
20. März — Aus Protest dagegen verläßt der sowjetische Vertreter den Alliierten Kontrollrat, der dadurch de facto seine Tätigkeit einstellt.

16. April — Einbeziehung der britisch-amerikanischen und der französischen Zone in die **Organisation für wirtschaftliche Zusammenarbeit in Europa** (OEEC).

21. Juni — Aufgrund des Gesetzes zur Neuordnung des Geldwesens in den Westzonen (18. Juni) schaffen die Militärregierungen die Reichsmark ab und führen die Deutsche Mark (DM) ein. Durch diese **Währungsreform** wird der aus der nationalsozialistischen Wirtschaftspolitik und der Kriegsfinanzierung resultierende Geldüberhang beseitigt und die Grundlage für die Gesundung des Wirtschaftslebens geschaffen. Die Währungsreform setzt den Rückstau der vorangegangenen Warenhortung frei.

24. Juni — Der Wirtschaftsrat der Bizone errichtet mit dem „Gesetz über Leitsätze für die Bewirtschaftung und Preispolitik nach der Geldreform" den rechtlichen Rahmen für die **soziale Marktwirtschaft** und die Gewerbefreiheit. Damit wird die Durchsetzung des wirtschaftspolitischen Kurses von Ludwig Erhard (* 1897, † 1977) und Alfred Müller-Armack (* 1901, † 1978) gegen den Widerstand von SPD, Gewerkschaften und linkem CDU-Flügel eingeleitet.

26. Juni — Die UdSSR ordnet als Antwort auf die Währungsreform der Westzonen eine vollständige **Blockade der Westsektoren Berlins** an, die den Interzonenverkehr zu Wasser und zu Lande unterbindet. Im Gegenzug organisieren die Westmächte über einen Zeitraum von elf Monaten eine Luftbrücke nach West-Berlin zur Versorgung der Stadt mit lebenswichtigen Gütern.

21.–22. Juli — Unter dem Druck der drei westalliierten **Militärgouverneure** beraten die Ministerpräsidenten der Westzonen über die Gründung eines westlichen Teilstaates, der möglicherweise die Spaltung Deutschlands auf lange Sicht zur Folge haben wird. Erst das Argument des Berliner Oberbügermeisters Ernst Reuter (* 1889, † 1953; seit 1950 Regierender Bürgermeister von Berlin), die Teilung des Reiches sei in der Tat schon längst vollzogen, bringt die Entscheidung:

10.–23. Aug. In Herrenchiemsee tagt ein **Verfassungskonvent**, der Vorentwürfe eines Grundgesetzes ausarbeitet, welche dem Parlamentarischen Rat als Beratungsgrundlage dienen sollen.

1. Sept. Der **Parlamentarische Rat** tritt in Bonn zusammen. Er setzt sich aus Mitgliedern der Landtage zusammen, die den CDU-Vorsitzenden in der britischen Zone, Konrad Adenauer, zum Präsidenten und den SPD-Politiker und Präsidenten des Staatssekretariats von Württemberg-Hohenzollern, Carlo Schmid (* 1896, † 1979), zum Vorsitzenden des Hauptausschusses wählen.

30. Nov. Unter SED-Leitung Versammlung in der Berliner Staatsoper, die den Berliner Magistrat für abgesetzt erklärt und Friedrich Ebert (SED; * 1894, † 1979) zum Oberbürgermeister sowie einen neuen „provisorischen demokratischen Magistrat" wählt. Die Westmächte protestieren gegen die Errichtung des **„Ostsektoren-Magistrates"**; die sowjetische Militäradministration erkennt ihn an; Beginn der Spaltung Berlins.

Zum Deutschlandproblem in den Ost-West-Beziehungen bis zum Beginn der sechziger Jahre: Die Eingliederung der Bundesrepublik in den Westen ist Bestandteil des außenpolitischen Systems, das sich 1948/49 herausbildet. Sämtliche Bemühungen, dieses zu überwinden, scheitern zunächst am Widerstand der USA und schließlich auch der UdSSR, die spätestens seit Mitte 1955 die **Teilung Deutschlands** als Grundlage für eine tragfähige Friedensordnung betrachtet. Es kann nun bis zum Ende des Ost-West-Konflikts nur darauf ankommen, Arrangements bei Hinnahme des Status quo zu treffen.

Deutsche Demokratische Republik

Die DDR entsteht in der Sowjetischen Besatzungszone (SBZ), die Besatzungsgewalt übt die Sowjetische Militäradministration Deutschlands (SMAD) aus. Sie verfolgt neben der mit den Westmächten vereinbarten Entnazifizierung und Entmilitarisierung die Umwandlung der Gesellschaft und des Staates nach dem Leitbild der UdSSR (Ausschaltung der „Klassenfeinde"). Die deutschen Kommunisten sind 1945 zu schwach, um die Macht allein zu übernehmen. Die UdSSR muß in der ersten Nachkriegsphase noch Rücksicht auf die drei Westmächte, mit denen sie den Alliierten Kontrollrat bildet, nehmen. Die 1946 aus der Vereinigung von KPD und SPD gebildete Sozialistische Einheitspartei Deutschlands **(SED)** ist zunächst eine Massenpartei, deren Vorstände paritätisch mit ehemaligen SPD- und KPD-Funktionären besetzt sind. Allmählich setzt sich der moskau-treue Flügel der SED mit Hilfe der SMAD durch. 1948 werden die paritätisch besetzten Vorstände abgeschafft, nicht linientreue Mitglieder aus der Partei entfernt. Die **SED** wird in eine **Kaderpartei** neuen Typs umgewandelt. Entsprechend der ideologischen „Generallinie" wird die „Vergesellschaftung der Produktionsmittel" eingeleitet.

Die Sowjetische Besatzungszone (1945–1949)

1945 9. Juni — Errichtung der **Sowjetischen Militäradministration** Deutschlands (SMAD).

11. Juni — Erster Aufruf der Kommunistischen Partei Deutschlands (KPD) nach dem Kriege.

15. Juni — **Gründung des Freien Deutschen Gewerkschaftsbundes** (FDGB) sowie der Sozialdemokratischen Partei Deutschlands (SPD) mit sowjetischer Genehmigung in Berlin.

26. Juni — Die Besatzungsmacht läßt die Christlich Demokratische Union (CDU) als Partei zu.

Juli — Brandenburg, Mecklenburg, Sachsen, Sachsen-Anhalt, Thüringen werden als Länder gebildet.

1.–3. Juli — Die US-amerikanischen und britischen Truppen ziehen sich entsprechend den Vereinbarungen von Jalta aus Sachsen, Thüringen und Mecklenburg zurück und rücken in die Westsektoren Berlins ein.

5. Juli — Die sowjetische Militärverwaltung läßt die Gründung der Liberal-Demokratischen Partei Deutschlands (LDPD) in Berlin zu.

14. Juli — Vertreter der zugelassenen Parteien in der Sowjetischen Besatzungs-Zone – SBZ – (KPD, SPD, CDU, LDPD) beschließen die Errichtung einer **Einheitsfront** („Antifaschistischer Block").

27. Juli — Die SMAD errichtet durch „Befehl Nr. 17" elf Deutsche Zentralverwaltungen, die als Hilfsorgane der SMAD arbeiten und die Keimzelle für eine deutsche Zentralregierung sein sollen.

3.–11. Sept. — Die Länder- und Provinzialverwaltungen verordnen die „**Bodenreform**", die auf den Widerstand von CDU und LDPD stößt, welche sich aus der Einheitsfront zurückziehen. Die KPD sieht sich daraufhin gezwungen, den bereits geplanten Zusammenschluß mit der SPD zu beschleunigen.

1946 — Gründung (7. März) der Freien Deutschen Jugend (FDJ; später von der SED gelenkt).

21./22. April — **Vereinigungsparteitag** der KPD und SPD. Der Parteitag nimmt einstimmig die „Grundsätze und Ziele der SED" an und billigt das erste Parteistatut.

23. April — Die erste Nummer der Tageszeitung „Neues Deutschland" als Organ des Zentralkomitees der SED erscheint.

30. Juni — Volksentscheid im Land Sachsen über die **Enteignung** der Großbetriebe von „Kriegsverbrechern und Nationalsozialisten" (77,6 % für Enteignungen).

24. Juli–16. Aug. — Verordnungen der Länder- und Provinzialverwaltungen von Thüringen, Sachsen-Anhalt, Brandenburg und Mecklenburg über die Enteignung von „Kriegsverbrechern und Nationalsozialisten".

1947 14. Juni — Die SMAD genehmigt durch „Befehl Nr. 138" die Errichtung von Deutschen Wirtschaftskommissionen (DWK), die die Zusammenarbeit der Zentralverwaltungen für Industrie, Handel sowie „Brennstoff und Energie" mit den Ländern regeln sollen. Sie stellen die erste zentrale **Zonenverwaltung** dar.

Die **wirtschaftliche Ausgangssituation**, vor allem der Industrie, ist ungünstig, zumal Schwerindustrie kaum vorhanden ist. Die umfassenden Reparations-**Demontagen** der Sowjetunion (bis 1946 werden rund 1000 Betriebe abgebaut) verhindern ein den Westzonen vergleichbares wirtschaftliches Wachstum.
Entsprechend dem sozialistischen Kollektivierungs-Programm betreibt die SED die Durchsetzung einer zentralen **Planwirtschaft** und den Aufbau von „volkseigenen", d. h. staatlichen Betrieben.

13. Sept. Auf einer Tagung mit Dozenten der Berliner Hochschulen fordert die SED den Einbau des wissenschaftlichen Marxismus in Lehre und Forschung.

1948
12. Febr. Die SMAD erweitert die Vollmachten der DWK, deren Führungspositionen mit SED-Funktionären besetzt sind.

9. März Die DWK übernimmt die zentrale Lenkung der Wirtschaft in der SBZ.

23. April Gründung der „Vereinigung Volkseigener Betriebe" (VVB) als mittlere Lenkungsorgane der Wirtschaft.

29. April
25. Mai Gründung der „Demokratischen Bauernpartei Deutschlands" (DBD) und der „National-Demokratischen Partei Deutschlands" (NDPD). Diese bürgerlichen Parteien sollen das erzwungene „Bündnis" von Bauern und Bürgerlichen mit der SED sichern.

23. Juni Die SMAD führt auf dem Gebiet der SBZ eine **Währungsreform** durch.

3. Juli Aufbau der Kasernierten Volkspolizei (VPO).

23./24. Juli Walter Ulbricht (stellvertretender SED-Vorsitzender) erklärt auf einer „staatspolitischen Konferenz" die Planwirtschaft zum Gesetz, fordert die Sicherstellung der absoluten Führungsrolle der SED im Staatsapparat und die Reinigung des Staates von SPD-Mitgliedern, die Schumacher-Anhänger seien. Damit beginnen **„Säuberungen"** von

Alt-Kommunisten und Sozialdemokraten innerhalb der SED.

15. Nov. Eröffnung der ersten Verkaufsstelle der Staatlichen Handelsorganisation (HO); Zurückdrängung des Privathandels.

Die DDR unter Ulbricht (1949–1971)

Die Jahre ab 1949 sind gekennzeichnet durch eine diktatorisch-bürokratische **Herrschaftsausübung der SED**, durch welche die noch formal liberal-demokratische Verfassung von 1949 ausgehöhlt wird; ferner das rasche Anwachsen des staatlichen und genossenschaftlichen Eigentums, die Errichtung einer zentral geleiteten Planwirtschaft, die Konzentration der gesamten politischen Macht bei der SED und schließlich die Durchdringung des Geisteslebens mit den Normen und Vorstellungen des Marxismus-Leninismus **stalinistischer Ausprägung**. Das Hauptproblem der SED-Führer besteht darin, jeder Wendung der UdSSR auf internationaler Bühne folgen und zugleich auch Bedürfnissen der eigenen Bevölkerung gerecht werden zu müssen.

1949
28. Jan. Die 1. Parteikonferenz der **SED** beschließt die Umwandlung in eine **„Partei neuen Typs"** nach dem Vorbild der KPdSU. Damit werden die auf dem Vereinigungsparteitag von SPD und KPD (1946) verabschiedeten Prinzipien des Parteiaufbaus aufgegeben, die Prinzipien des „demokratischen Zentralismus" systematisch durchgesetzt sowie der „Klassenkampf" verschärft.

29. Mai–3. Juni Der „Deutsche Volkskongreß" in der Sowjetzone nimmt die Verfassung für eine „deutsche demokratische Republik" an.

7. Okt. **Gründung der Deutschen Demokratischen Republik** (DDR). Konstituierung der provisorischen Volkskammer, in der die SED die stärkste Fraktion bildet. Die Länder sind durch eine Länderkammer vertreten (die 1958 aufgelöst wird). Die Wahlen zur Volkskammer sollen nach Einheitslisten der am 4. Oktober durch die SED pro-

	klamierten „Nationalen Front" aller Parteien der DDR stattfinden.
10. Okt.	Die SMAD überträgt die Verwaltungsfunktionen an die provisorische Regierung der DDR; danach erfolgt die Umwandlung der SMAD in die „Sowjetische Kontrollkommission" (SKK).
11. Okt.	Die provisorische Volkskammer und die provisorische Länderkammer wählen Wilhelm Pieck (* 1876, † 1960) zum Präsidenten der Republik.
12. Okt.	Die Volkskammer bestätigt die provisorische Regierung der DDR mit Vertretern der SED, der LDPD, der CDU, der NDPD und der DBD. Otto Grotewohl (* 1894, † 1964) wird Ministerpräsident.
1950 6. Juli	Im **Görlitzer Vertrag** mit Polen erkennt die DDR die Oder-Neiße-Linie als „Friedensgrenze" an.
20.–24. Juli	Neufassung des SED-Parteistatuts; der Parteivorstand (PV) wird in ein Zentralkomitee (ZK) umgewandelt. Vorsitzende der Partei: Wilhelm Pieck (ehem. KPD) und Otto Grotewohl (ehem. SPD).
25. Juli	Konstituierung des ersten ZK: Walter **Ulbricht** wird Generalsekretär der SED (seit 1953 ist er Erster Sekretär des ZK).
29. Sept.	Die DDR tritt dem Rat für gegenseitige Wirtschaftshilfe (RGW bzw. COMECON) bei.
15. Okt.	**Volkskammerwahl**: Beteiligung 98,44 %, davon 99,30 % Ja-Stimmen. (Hervortreten des Akklamationscharakters der „Wahlen" in der DDR.)
1951 8. Okt.	Aufhebung der Rationierung aller Lebensmittel bis auf Fleisch, Fett und Zucker.
1952 21./25. April	Die SED gibt bekannt, daß 150 696 Mitglieder ausscheiden müssen.
27. Mai	Einrichtung eines Grenzregimes an der **Demarkationslinie** zur Bundesrepublik: Einrichtung von Sperrzonen, Aufhebung des kleinen Grenzverkehrs und Installierung von Schutzstreifen.
9.–12. Juli	Ulbricht propagiert auf der 3. Parteikonferenz der SED

den „planmäßigen Aufbau des Sozialismus sowie die Notwendigkeit einer Verschärfung des Klassenkampfes". Es beginnen der Ausbau der Landwirtschaftlichen Produktionsgenossenschaften (LPG), der 1960 abgeschlossen ist, sowie die Kollektivierung des mittelständischen Bereiches.

Die Kollektivierung der Landwirtschaft. Die Landwirtschaftspolitik der DDR vollzieht sich in **zwei Phasen**: 1945–1950 Durchführung einer Bodenreform, in der vorwiegend der Großgrundbesitz enteignet und 30 % der Wirtschaftsfläche umverteilt werden; 1952–1960 Kollektivierung der Landwirtschaft. Diese löst Ende der fünfziger Jahre eine **Fluchtwelle** in die Bundesrepublik aus, die der DDR-Wirtschaft großen Schaden zufügt und die SED-Herrschaft zu destabilisieren droht. Der Bau der Mauer 1961 in Berlin ist eine unmittelbare Folge dieser Vorgänge.

1952 23. Juli — Die DDR teilt ihr Territorium statt der fünf Länder in 14 Bezirke auf und führt den „demokratischen **Zentralismus**" in der Staatsverwaltung ein.

20. Nov. — Die SED betont ausdrücklich den Vorrang der Schwerindustrie vor anderen Industriezweigen und folgt damit dem sowjetischen Wirtschaftsmodell.

1953
21. April — Die Bischöfe der Evangelischen **Kirche** wenden sich gegen die kirchenfeindliche Politik der SED. Das Innenministerium bezeichnet die „Junge Gemeinde" der Evangelischen Kirche als illegal.

17. Mai — Das ZK der SED beschließt eine Erhöhung der Arbeitsnormen um durchschnittlich 10 %. Hierauf **Unruhe in der Bevölkerung**.

28. Mai — Die UdSSR löst die Sowjetische Kontrollkommission auf und ernennt einen Hohen Kommissar der Sowjetunion in Deutschland.

6./7. Juni — In einer Konferenz der SED und der DDR-Regierung mit Vertretern der Landwirtschaft sichert die Staatsführung zu, daß wegen Ablieferungsrückständen keine weiteren Enteignungen, Verhaftungen und gerichtlichen Verurteilungen von Bauern vorgenommen werden.

9. Juni — Das Politbüro der SED beschließt Maßnahmen zur Verbesserung der Versorgung der Bevölkerung und eine Stärkung der allgemeinen Rechtssicherheit. Damit soll einer um sich greifenden Mißstimmung begegnet werden.

16. Juni — Bauarbeiter in Berlin treten aus Protest gegen die Erhöhung der Arbeitsnormen in Streik. Walter Ulbricht schlägt eine Milderung des bisherigen Kurses vor.

17. Juni — Die **Streiks** in Berlin weiten sich zu Massenstreiks in Halle, Erfurt und Magdeburg sowie vor allem in Berlin zu einem vorwiegend von Arbeitern getragenen Volksaufstand gegen das SED-Regime aus. Der sowjetische Militärbefehlshaber übernimmt die Regierungsgewalt und setzt sowjetische Truppen mit Panzern ein; **Niederschlagung des Aufstandes**.

21. Juni — Die SED schraubt die Normenerhöhungen auf den Stand vor dem 1. April 1953 zurück.

1954
25. März — Souveränitätserklärung der DDR durch die UdSSR, der eine entsprechende Verlautbarung der DDR-Regierung folgt.

1955
27. März — Erste Jugendweihe in Ost-Berlin. Die Feier soll Konfirmation und Kommunion der Kirchen ablösen.

1956 — Die **DDR tritt** dem **Warschauer Pakt bei** (27. Jan.).

18. Jan. — Die Volkskammer beschließt die Schaffung der „Nationalen Volksarmee".

24. Okt. — An der Berliner Humboldt-Universität brechen während des Ungarn-Aufstandes **Studentenunruhen** aus, die sich gegen den stalinistischen Kurs Ulbrichts wenden. Sie werden von der Polizei unterdrückt.

29. Nov. — Seit dem XX. Parteitag der KPdSU (Febr. 1956), auf dem der Stalinismus in Frage gestellt wird, besteht **ideologische Unsicherheit** in der SED. Es geht Ulbricht deswegen darum, bei Abbau des Personenkults das bestehende Herrschaftssystem zu erhalten, vor allem keine Opposition zu dulden.

1959 3. Juni — Die Volkskammer der DDR beschließt das **„Gesetz über landwirtschaftliche Produktions-Genossen-**

schaften“ (LPG). Die seit einigen Jahren laufende Kampagne unter den Bauern für einen Beitritt zu den LPG erreicht einen Höhepunkt. Damit wird die definitive „Vergesellschaftung der landwirtschaftlichen Produktionsmittel“ in Angriff genommen.

1960
12. Sept. Das Amt des Präsidenten der Republik wird abgeschafft und ein **Staatsrat** (24 Mitglieder) gebildet: Vorsitzender Walter Ulbricht.

15.–17. Dez. Die DDR muß den Volkswirtschaftsplan für 1961 ändern und die Aufgaben des laufenden Siebenjahresplanes revidieren, weil die Ende der fünfziger Jahre hochgesteckten wirtschaftlichen Ziele sich nicht realisieren lassen.

1961
13. Aug. Abriegelung Ost-Berlins von West-Berlin durch technische Sperrmaßnahmen: „Mauerbau“; die **Berliner Mauer** und die Anlagen an der Interzonengrenze zur Bundesrepublik werden in den folgenden Jahren mit großem Aufwand zu einer hermetisch schließenden Absperrung ausgebaut.

Die DDR-Führung macht das **„Neue ökonomische System der Planung und Leitung“** (NÖSPL) zum Maßstab für die Beurteilung der Leistungen in den Betrieben. Sie schafft ein System von materiellen Anreizen, um die **Produktivität** zu erhöhen. Die DDR versucht so, ihre Führungs- und Verwaltungsmethoden den Anforderungen moderner Industriegesellschaften anzupassen, und entwickelt außerdem flexiblere Leistungsnormen in den Betrieben. Es gelingt ihr, das Regime zu festigen und in den Augen der Bevölkerung erträglicher zu machen. So entsteht eine Leistungs- und Konsumgesellschaft, die alsbald die meisten anderen sozialistischen Länder überflügelt. Die DDR wird **zweitstärkste Industriemacht** im Rahmen der Ostblock-Organisation des Rates für gegenseitige Wirtschaftshilfe (COMECON/RGW).

1962 Die DDR führt die allgemeine Wehrpflicht ein (24. Jan.).

1963 15. Juli Der Staatsrat bestätigt die Richtlinien für die Einführung des „Neuen ökonomischen Systems der Planung und Leitung“ (NÖSPL).

1964 12.–13. März — Robert **Havemann** (* 1910, † 1982) wird von seinen Verpflichtungen im Hochschulbereich wegen kritischer Äußerungen in seinen philosophischen Vorlesungen entbunden und zwei Jahre später aus der Akademie der Wissenschaften ausgeschlossen.

21. Sept. — Tod Otto Grotewohls.
Willi Stoph (* 1914) wird Vorsitzender des Ministerrates.

1965 25. Febr. — Das Gesetz über das „einheitliche sozialistische **Bildungssystem**" regelt die Organisation der Vorschulerziehung, der zehnklassigen polytechnischen Oberschule, der Berufsschulen, Universitäten und Hochschulen.

1966 9. Mai — Die DDR nimmt ihr erstes Atomkraftwerk in Betrieb.

1967 **20. Febr.** — Die Volkskammer verabschiedet das Gesetz über die „**Staatsbürgerschaft** der DDR", mit dem sie eine DDR-eigene Staatsbürgerschaft einführt.

12. April — Kontaktknüpfung der Bundesregierung Kiesinger zur DDR-Führung: Vorschlag für ein geregeltes Nebeneinander, engere Verbindungen in Wirtschaft, Technik und Verkehr.

1968 **6. April** — Die **neue Verfassung** der DDR wird durch Volksentscheid angenommen (Inkrafttreten 8. April): sie bestimmt die DDR als „sozialistischen Staat deutscher Nation".

10./11. Juni — Die Volkskammer führt im Reise- und Transitverkehr der Bundesrepublik und West-Berlins mit der DDR den **Paß- und Visazwang** ein.

20./21. Aug. — NVA-Einheiten beteiligen sich am gewaltsamen Einmarsch von Truppen aus fünf Staaten des Warschauer Pakts in die ČSSR: Niederschlagung der freiheitlichen Bewegung des „Prager Frühlings".

1969 10.–14. Sept. — 1. Synodaltagung des neugegründeten Bundes der Evangelischen **Kirchen** in der DDR, die sich von der Evangelischen Kirche in Deutschland (EKD) losgelöst hat.

Die DDR unter Honecker (1971–1989)

seit 1970 Anerkennung der DDR auf internationaler Ebene und Abgrenzung gegenüber der Bundesrepublik.

1970
19. März Begegnung von Ministerratsvorsitzendem Stoph und Bundeskanzler Brandt in Erfurt (2. Gesprächsrunde am 21. Mai in Kassel).

9.–11. Dez. Auf der 14. ZK-Tagung wird festgestellt, daß der laufende Volkswirtschaftsplan bei einer Reihe von Produktionszweigen nicht erfüllt worden sei. Es gebe **Versorgungsschwierigkeiten** bei Textilien, Lebensmitteln und Braunkohle. Dennoch hat die DDR gute Zuwachsraten zu verzeichnen.

1971 3. Mai Auf der 16. Tagung des ZK der SED bittet Walter Ulbricht, ihn aus Altersgründen von der Funktion des Ersten Sekretärs des ZK zu entbinden. Nachfolger wird Erich **Honekker** (* 1912, † 1994).

17. Dez. Abkommen über den **Transitverkehr** zwischen der Bundesrepublik und der DDR sowie Vereinbarung über Besucherverkehr und Gebietsaustausch zwischen der DDR und dem Berliner Senat.

20. Dez. Ein Abkommen zwischen DDR und (West-)Berliner Senat ergänzt die Reise- und Besuchsverkehrsregelungen.

1972 6. Jan. SED-ZK-Sekretär Erich Honecker nennt die Bundesrepublik Deutschland zum ersten Mal „Ausland".

16. Okt. Bürger, die vor dem 1. Januar 1972 die DDR verlassen haben, verlieren deren Staatsbürgerschaft.

7.–28. Dez. Die DDR nimmt zu 20 neutralen und westlich orientierten Staaten (u. a. Iran, Schweiz, Schweden, Belgien) **diplomatische Beziehungen** auf. Zur selben Zeit wird sie Mitglied der UN-Wirtschaftskommission für Europa.

21. Dez. Unterzeichnung des **Grundlagenvertrages** mit der Bundesrepublik in Ost-Berlin, der am 21. Juni 1973 in Kraft tritt.

1973 9. Febr. Die NATO-Staaten Großbritannien und Frankreich nehmen zur DDR diplomatische Beziehungen auf.

7. März	Die DDR akkreditiert Korrespondenten der beiden Fernsehanstalten der Bundesrepublik, ARD und ZDF, sowie von Presseorganen aus der Bundesrepublik.
1. Aug.	Tod Walter Ulbrichts.
18. Sept.	Die DDR wird Mitglied der UNO.
3. Okt.	Die Volkskammer wählt Willi Stoph zum Staatsratsvorsitzenden und Horst Sindermann (* 1915, † 1990) zum Vorsitzenden des Ministerrates.
1974 4. Sept.	Die USA nehmen diplomatische Beziehungen zur DDR auf, deren allgemeine **internationale Anerkennung** damit erreicht ist.
27. Sept.	Die Volkskammer beschließt das „Gesetz zur Ergänzung und Änderung der Verfassung der DDR" vom 7. Okt. 1974, durch das der Begriff „deutsche Nation" beseitigt wird.
7. Okt.	Freundschaftsvertrag UdSSR – DDR.
1976	9. Parteitag: Honecker wird Generalsekretär der SED (18.–22. Mai).
16. Nov.	**Ausbürgerung** des Liedermachers Wolf **Biermann** (* 1936), der zu dieser Zeit in der Bundesrepublik auftritt. Der Wissenschaftler und Regimekritiker Robert Havemann erhält Hausarrest.
1977 Aug.	SED-Funktionär Rudolf Bahro (* 1935) veröffentlicht in der Bundesrepublik eine umfassende Grundsatzkritik an der ökonomisch-sozialen Praxis regierender kommunistischer Parteien („Die Alternative"). Bald darauf erfolgt seine Verhaftung. Er wird zu acht Jahren Freiheitsentzug verurteilt.
1978 10. Jan.	Als Reaktion auf die Veröffentlichung eines von einer Oppositionsgruppe verfaßten „Manifests" wird das Büro der Zeitschrift „Der Spiegel" in Ost-Berlin geschlossen.
29. Nov.	**Verkehrsabkommen** mit der Bundesrepublik Deutschland: Autobahnbau und Verbesserung der Wasserwege nach West-Berlin.
1979	Die Volkskammer beschließt, daß ihre Berliner Abgeordneten in Zukunft direkt gewählt werden (28. Juni). Protest

von Westalliierten und Bundesregierung wegen Verstoßes gegen Berlins Viermächte-Statut.

1980 9. Okt. Die DDR erhöht den Mindestumtauschsatz für Besucher aus nichtsozialistischen Staaten auf 25 DM je Tag.

1982 13. Febr. In Dresden fordern Jugendliche beim ersten „Friedensforum" in der DDR die Einführung eines zivilen Ersatzdienstes.

1983 Ein Hirtenbrief der katholischen DDR-Bischöfe beklagt die zunehmende Militarisierung (3. Jan).

14. Febr. In Dresden demonstrieren etwa 100 000 Teilnehmer für den Frieden.

1. Juli In München wird ein von der Bundesregierung verbürgter **Kreditvertrag über eine Mrd. DM** für die DDR unterzeichnet.

1984 27. Juni Der wachsende Zustrom von **Ausreisewilligen** veranlaßt die vorübergehende Schließung der Ständigen Vertretung der Bundesrepublik in Ost-Berlin (bis 31. Juli).

1985 15. Jan. Nach der Zusage, straffrei Ausreiseanträge stellen zu können, kehren die DDR-Bürger, die sich seit Oktober 1984 in der Prager Botschaft der Bundesrepublik Deutschland aufgehalten haben, in die DDR zurück.

1987 10. April In einer Rede in Prag deutet KPdSU-Generalsekretär Michail S. Gorbatschow (* 1931) erstmals die **Aufgabe der Breschnew-Doktrin** von 1968 über die beschränkte Souveränität der „sozialistischen Bruderstaaten" und das Interventionsrecht der UdSSR im kommunistischen Machtbereich an.

1988 14. Dez. Eine **neue Reiseverordnung** (ab 1. Jan. 1989) weitet die Liste der Reiseanlässe und der Verwandten, die besucht werden dürfen, aus, enthält aber nur Kann-Bestimmungen.

1989 2. Mai Ungarn baut den Stacheldraht und elektronische Schutzanlagen an der Grenze zu Österreich ab. Damit **öffnet sich der „Eiserne Vorhang"**. Ca. 150 DDR-Bürger reisen im Sommer täglich nach Ungarn mit dem Ziel, die DDR zu verlassen. Hunderte flüchten in die deutschen

Botschaften in Prag, Warschau und Budapest, um auf diesem Wege in die Bundesrepublik auszureisen. Als sich im Okt./Nov. zeitweise 4000 Menschen auf dem Gelände der Prager Botschaft aufhalten, wird die Botschaft wegen „Überfüllung" geschlossen.

7. Mai — Bei den Kommunalwahlen in der DDR fälscht die SED-Führung unter der Aufsicht des obersten Wahlleiters Egon Krenz massiv die Resultate zugunsten der Kandidaten der Nationalen Front (ca. 96 %).
Opposition und Kirchen erheben den **Vorwurf der Wahlfälschung**.

7. Juli — Gorbatschow kündigt mit dem Begriff des „Gemeinsamen europäischen Hauses" die Breschnew-Doktrin auf, indem er es ablehnt, sowjetische Soldaten zur inneren Repression u. a. in der DDR einzusetzen. Damit beginnt das **Ende des „kalten Krieges"** und des Ost-West-Konflikts.

31. Juli — Tausende von DDR-Bürgern versuchen, über die diplomatischen Vertretungen der Bundesrepublik in Ost-Berlin, Prag, Warschau und Budapest die Ausreise zu erzwingen. Fast gleichzeitig beginnt eine **Massenflucht** über die ungarisch-österreichische Grenze.

13. Aug. — Anläßlich des 28. Jahrestages des Mauerbaues betont die SED, daß die DDR nicht reformbedürftig sei.

Sept. — Jeden Montag kommt es nach dem Friedensgebet in der Nicolai-Kirche in Leipzig zu Demonstrationen mit zunehmender Beteiligung. Die Kirchen fordern Reformen von der Staatsführung.

4. Sept. — Erste sogenannte **Montagsdemonstration** in Leipzig: 1200 Demonstranten fordern Reise-, Presse- und Versammlungsfreiheit. Seitdem finden regelmäßige Montagsdemonstrationen in Leipzig statt, an denen sich bis zum Okt. 1989 mehrere 10 000 gegen die SED-Führung protestierende Bürger beteiligen.

11. Sept. — Als erste von mehreren **Bürgerbewegungen** gründet sich das „Neue Forum"; „Demokratie jetzt" am 12. Sept. Am 7. Okt. folgen die „Sozialdemokratische Partei in der

DDR“ (SDP, später SPD), am 29. Okt. der „Demokratische Aufbruch“ (DA).

Ungarn gestattet es den DDR-Flüchtlingen auf seinem Territorium, die sich in Sammellagern und der deutschen Botschaft in Budapest aufhalten, legal und unbehelligt über Österreich in die Bundesrepublik weiterzureisen. Die Bitte des DDR-Politbüros, die **DDR-Flüchtlinge** gewaltsam zurückzuschicken, lehnen die ungarische Regierung und Generalsekretär Gorbatschow ab.

6./7. Okt. Anläßlich der Ost-Berliner Feierlichkeiten zum 40. Jahrestag der Gründung der DDR empfiehlt Gorbatschow der SED-Führung dringend politische Reformen. Gorbatschow verweigert den eventuellen Einsatz der in der DDR stationierten sowjetischen Truppen zur Aufrechterhaltung des Regimes. Parallel zu den offiziellen Feiern protestieren 100 000 Menschen unter Berufung auf Gorbatschows Reformpolitik.

7. Okt. Mit einer Vielzahl von Demonstrationen erlebt die DDR die größte Protestaktion seit dem Volksaufstand am 17. Juni 1953.

9. Okt. Auf einer Demonstration in Leipzig fordern SED-Bezirkssekretäre und Pfarrer die Regierung vor ca. 70 000 Teilnehmern zu einem offenen Dialog auf.

18. Okt. Erich **Honecker tritt** auf Druck des Politbüros der SED
24. Okt. **zurück**. Egon Krenz (* 1937) wird Parteichef und Staatsratsvorsitzender.

Das Ende der DDR (1989/90)

4. Nov. Mehr als 750 000 Demonstranten auf dem Berliner Alexanderplatz fordern freie Wahlen, Reise- und Meinungsfreiheit in der DDR.

7./8. Nov. Regierung und Politbüro treten nach weiteren Massendemonstrationen geschlossen zurück.

Seit Jahresbeginn sind ca. 225 000 DDR-Bewohner in die Bundesrepublik ausgereist.

9. Nov. Die **Mauer in Berlin** und die Grenze zur Bundesrepublik werden offiziell **geöffnet**.

13. Nov. Hans **Modrow** (* 1928) wird von der Volkskammer **zum Ministerpräsidenten gewählt**. Er schlägt eine „Vertragsgemeinschaft“ zwischen der Bundesrepublik und der DDR vor (17. Nov.).

15. Nov. Generalsekretär Gorbatschow nennt die „Wiedervereinigung eine interne Angelegenheit der Deutschen“.

6. Dez. Egon Krenz tritt als Vorsitzender des Staatsrates zurück; Nachfolger wird Manfred Gerlach (* 1928, LDPD).

7. Dez. Erstes Zusammentreffen des „Runden Tisches“ in Ost-Berlin als Institution der öffentlichen Kontrolle, bestehend aus Vertretern der Parteien und Bürgerbewegungen.

9. Dez. Gregor Gysi (* 1948) wird Vorsitzender der SED, die sich den Namenszusatz **PDS** (Partei des Demokratischen Sozialismus) gibt (17. Dez.).

1990

5. Febr. SED-PDS gibt Namensbestandteil SED auf (4. Febr.). Politiker der bisherigen Opposition („Runder Tisch“) treten in die Regierung Modrow ein.

12. März An der letzten Leipziger Montagsdemonstration nehmen nur noch ca. 40 000 Menschen teil. Die Forderung nach der deutschen Einheit ist zum Thema geworden. Der „Runde Tisch“ verabschiedet auf seiner letzten Sitzung einen Verfassungsentwurf für die DDR.

18. März Die **Volkskammerwahl** gewinnt die Allianz für Deutschland (Drei-Parteien-Bündnis aus CDU, DA und DSU [Deutsche Soziale Union]). Sabine Bergmann-Pohl (CDU, * 1946) wird zur Volkskammerpräsidentin und damit zum Staatsoberhaupt gewählt.

12. April Der CDU-Vorsitzende der DDR Lothar **de Maizière** (* 1940) wird zum Ministerpräsidenten gewählt und bildet eine Große Koalition unter Einbezug der SPD.

18. Mai **Staatsvertrag** zur Wirtschafts-, Währungs- und Sozialunion der Bundesrepublik und der DDR. Danach wird zum 1. Juli die DM eingeführt. Löhne, Gehälter, Renten, Pensionen etc. werden zum Umtauschkurs 1 : 1 umgestellt.

23. Aug.	Die Volkskammer votiert für den **Beitritt der DDR** zur Bundesrepublik Deutschland.
25. Sept.	Die Mitgliedschaft der DDR im Warschauer Pakt ist offiziell beendet.
3. Okt.	Die **Deutsche Demokratische Republik tritt** der **Bundesrepublik Deutschland** nach Artikel 23 des Grundgesetzes **bei**.

Bundesrepublik Deutschland

Die Ära Adenauer (1949–1963)

1949 6.–8. April	Die Außenminister der drei Westmächte einigen sich in Washington über den endgültigen Inhalt des Besatzungsstatuts und beschließen die Errichtung einer **Alliierten Hohen Kommission** als höchste Kontrollbehörde in der künftigen Bundesrepublik sowie die Bildung der Trizone durch Erweiterung der Bizone um das französische Besatzungsgebiet.
4. Mai	Jessup-Malik-Abkommen (Westmächte/UdSSR) zur Beendigung der Berliner Blockade.
8. Mai	Das Plenum des Parlamentarischen Rates nimmt den revidierten Grundgesetzentwurf an und bestimmt **Bonn** zur (provisorischen) **Bundeshauptstadt**.
12. Mai	Die Militärgouverneure und die Länder geben mit Ausnahme Bayerns ihre Zustimmung zum Grundgesetz.
23. Mai	Das **Grundgesetz** für die Bundesrepublik Deutschland wird offiziell **verkündet**.
14. Aug.	**Wahl zum ersten Bundestag**: CDU/CSU 31 %; SPD 29,2 %; FDP 11,9 %; KPD 5,7 %; Bayernpartei (BP) 4,2 %; Deutsche Partei (DP) 4,0 %; Zentrum 3,1 %; andere 10,9 %.
12. Sept.	Der FDP-Vorsitzende Theodor Heuss (* 1884, † 1963) wird zum ersten Bundespräsidenten gewählt.

15. Sept.	Der Bundestag wählt Konrad **Adenauer** zum ersten **Bundeskanzler**.
20. Sept.	CDU/CSU, FDP und DP bilden die Regierungskoalition.
13. Okt.	Zusammenschluß von 16 Gewerkschaftsbünden der amerikanischen, britischen und französischen Zone zum **Deutschen Gewerkschaftsbund**.
15. Dez.	Der US-Hohe Kommissar und der Bundeskanzler unterzeichnen ein Abkommen über wirtschaftliche Zusammenarbeit **(Marshall-Plan)**.

Die Bundesregierungen

1949–1953	Kabinett Adenauer	(vom 20. September 1949)	CDU/CSU-FDP-DP-Koalition
1953–1957	Kabinett Adenauer	(vom 20. Oktober 1953)	CDU/CSU-DP-Koalition
1957–1961	Kabinett Adenauer	(vom 29. Oktober 1957)	CDU/CSU-Alleinregierung
1961–1963	Kabinett Adenauer	(vom 14. November 1961)	CDU/CSU-FDP-Koalition
1963–1965	Kabinett Erhard	(vom 16. Oktober 1963)	CDU/CSU-FDP-Koalition
1965–1966	Kabinett Erhard	(vom 26. Oktober 1965)	CDU/CSU-FDP-Koalition
1966–1969	Kabinett Kiesinger	(vom 1. Dezember 1966)	CDU/CSU-SPD-Koalition
1969–1972	Kabinett Brandt	(vom 22. Oktober 1969)	SPD-FDP-Koalition
1972–1974	Kabinett Brandt	(vom 15. Dezember 1972)	SPD-FDP-Koalition
1974–1976	Kabinett Schmidt	(vom 16. Mai 1974)	SPD-FDP-Koalition
1976–1980	Kabinett Schmidt	(vom 16. Dezember 1976)	SPD-FDP-Koalition
1980–1982	Kabinett Schmidt	(vom 5. November 1980)	SPD-FDP-Koalition
1982–1983	Kabinett Kohl	(vom 4. Oktober 1982)	CDU/CSU-FDP-Koalition
1983–1987	Kabinett Kohl	(vom 30. März 1983)	CDU/CSU-FDP-Koalition
1987–1990	Kabinett Kohl	(vom 12. März 1987)	CDU/CSU-FDP-Koalition
1990–1994	Kabinett Kohl	(vom 17. Januar 1991)	CDU/CSU-FDP-Koalition
seit 1994	Kabinett Kohl	(vom 30. März 1994)	CDU/CSU-FDP-Koalition

Die Bundespräsidenten

1949–1959	Theodor Heuss	(DVP/FDP; * 1884, † 1963)
1959–1969	Heinrich Lübke	(CDU; * 1894, † 1972)
1969–1974	Gustav Heinemann	(SPD; * 1899, † 1976)
1974–1979	Walter Scheel	(FDP; * 1919)
1979–1984	Karl Carstens	(CDU; * 1914, † 1992)
1984–1994	Richard von Weizsäcker	(CDU; * 1920)
seit 1994	Roman Herzog	(CDU; * 1934)

1950 1. Mai Der Wegfall der letzten Lebensmittelrationierung versinnbildlicht den raschen **Wirtschaftsaufschwung**.

9. Mai Die französische Regierung (Außenminister Robert Schuman 1948–1953; * 1886, † 1963) schlägt die Schaffung einer einheitlichen Behörde zur Kontrolle der Erzeugung von Kohle und Stahl in der Bundesrepublik und Frankreich vor **(Schumanplan)**.

7. Aug. Die Bundesrepublik Deutschland wird assoziiertes Mitglied des Europarates (seit 5. Mai 1951 vollwertiges Mitglied).

18. Aug. Die Bundesregierung äußert den Wunsch nach Verteidigungstruppen der Bundesrepublik als Gegengewicht zur Kasernierten Volkspolizei der DDR.

12.–14. Sept. New Yorker Außenministerkonferenz der drei Westmächte; die Bundesregierung wird als einzig vertretungsberechtigt, für das deutsche Volk zu sprechen, erklärt.

15.–18. Sept. Der Nordatlantikrat der NATO (Nordatlantikpakt) beschließt, bei einem Angriff auf Europa eine Vorwärtsstrategie (Verteidigung möglichst weit im Osten) anzuwenden, und erörtert die **Wiederbewaffnung der Bundesrepublik**.

9. Okt. **Rücktritt** von Bundesinnenminister Gustav **Heinemann** (* 1899, † 1976; CDU, seit 1957 SPD), der eine Aufrüstung der Bundesrepublik ablehnt.

26. Nov. Bundeskanzler Adenauer erklärt, angesichts der Gefahr eines sowjetischen Angriffs in Europa sei ein deutscher Verteidigungsbeitrag auf der Basis der Gleichberechtigung notwendig.

Der Wirtschaftsaufschwung: Vom Marshallplan geht eine starke Signalwirkung aus. Er trifft auf eine Aufschwungphase der **Konjunktur in Westdeutschland,** beschleunigt sie, bildet aber keine Initialzündung. Der 1950 weiter zunehmende, rasche Aufschwung, von der Londoner Tageszeitung Times als „deutsches **Wirtschaftswunder**“ bezeichnet, ist zunächst ein auf der Behebung von Schäden aus der Weltwirtschaftskrise und vor allem des Krieges beruhendes wirtschaftliches Wachstum. Später kommen weitere

Antriebsfaktoren hinzu: die Eingliederung in den Welthandel, der seinerseits zunimmt, und ab 1958 die Integration der westeuropäischen Märkte.

1951 **18. April**	In Paris Unterzeichnung des Vertrages über die Errichtung der Europäischen Gemeinschaft für Kohle und Stahl (**EGKS**-Montanunion) mit Sitz der Hohen Behörde in Luxemburg (Mitgliedsstaaten: Frankreich, Bundesrepublik Deutschland, Italien, Benelux-Staaten). Die Montanunion entwirft später die erste gemeinsame Energieplanung in Europa und regt so auch die Gründung einer **Europäischen Atomgemeinschaft (**Euratom) an.
1952 4. Jan.	Gesetz über die **Stellung des Landes Berlin** (Berlin-West) im Finanzsystem des Bundes, durch das die Westsektoren der Stadt in das Finanz- und Wirtschaftssystem der Bundesrepublik einbezogen werden.
10. März	Die Regierung der UdSSR bietet den Westmächten an, über einen Friedensvertrag mit Deutschland zu verhandeln. Bundeskanzler Adenauer reagiert ablehnend, da er den sowjetischen Vorschlag für ein Störmanöver seiner **Westpolitik** hält und andererseits durch positive Äußerungen nicht das Mißtrauen der Westmächte erregen will.
25. April	Bildung des Landes Baden-Württemberg.
20. Aug.	Tod des SPD-Vorsitzenden Kurt Schumacher; Nachfolger Erich Ollenhauer (27. Sept.; * 1901, † 1963).
10. Sept.	Die Bundesrepublik schließt mit Israel einen **Wiedergutmachungsvertrag**, wonach sie innerhalb von zwölf Jahren 3 Mrd. DM in Form von Warenlieferungen an Israel entrichtet.
1953 27. Febr.	Das „**Londoner Schulden-Abkommen**" regelt die Vorkriegsschulden aus dem Dawes- und Youngplan (13,3 Mrd. DM) sowie die Nachkriegsschulden der Bundesrepublik (6,8 Mrd. DM) und schafft die Voraussetzung für deren Wiedereingliederung in den internationalen Wirtschafts- und Zahlungsverkehr.
6. Sept.	Bundestagswahl: Konrad Adenauer bildet nach Wahlsieg sein zweites Kabinett (20. Okt.).

1954 26. Febr.	Der Bundestag billigt das Gesetz zur Ergänzung des Grundgesetzes, das die Wehrhoheit der Bundesrepublik begründet.
19.–23. Okt.	In vier Pariser Konferenzen werden die Souveränität der Bundesrepublik sowie das deutsch-französische Abkommen über das europäische Statut der Saar vertraglich geregelt **(Pariser Verträge)**:
1955 5. Mai	Proklamation der vollen **Souveränität** der Bundesrepublik Deutschland sowie endgültige Auflösung der Alliierten Hohen Kommission, nachdem die Pariser Verträge durch Ratifizierung von Bundestag und Bundesrat in Kraft gesetzt worden sind.
9. Mai	Die **Bundesrepublik Deutschland tritt** dem **Nordatlantik-Pakt** (NATO) **bei**.
9.–13. Sept.	Bundeskanzler Adenauer reist zu einem Staatsbesuch nach Moskau: Aufnahme diplomatischer Beziehungen beschlossen; Freilassung deutscher **Kriegsgefangener**.
1956 4./5. Juni	Einigung mit Frankreich auf die **Eingliederung des Saargebietes** in die Bundesrepublik Deutschland ab 1. Jan. 1957.
17. Aug.	Verbot der Kommunistischen Partei Deutschlands (KPD) durch das Bundesverfassungsgericht.
1957 **25. März**	Feierliche Unterzeichnung der Verträge über die Gründung der Europäischen Wirtschaftsgemeinschaft **(EWG)** und der Europäischen Atomgemeinschaft (**Euratom**; EAG) – Römische Verträge – auf dem Kapitol in Rom.
26. Juli	Das „Gesetz über die Deutsche Bundesbank" regelt den Aufbau der **Deutschen Bundesbank** als Nachfolgeinstitut der Bank Deutscher Länder, die noch die Besatzungsmächte errichtet haben.
15. Sept.	**Bundestagswahl**: Die CDU befindet sich mit einem Stimmenanteil von über 50 % auf dem Höhepunkt ihres Einflusses. Konrad Adenauer bildet erneut die Regierung, aber schon im darauffolgenden Jahr beginnen die Auseinandersetzungen um seine Nachfolge.
19. Okt.	Die Bundesrepublik bricht die diplomatischen Beziehun-

gen zu Jugoslawien wegen dessen Aufnahme diplomatischer Beziehungen zur DDR ab und wendet so die Hallstein-Doktrin an (Staatssekretär Walter Hallstein; * 1901, † 1982): außenpolitischer Grundsatz, wonach die Bundesrepublik wegen ihres demokratisch legitimierten **Alleinvertretungsanspruchs** für das gesamte deutsche Volk mit keinem Staat (Ausnahme UdSSR) diplomatische Beziehungen unterhält, der seinerseits die DDR völkerrechtlich anerkannt hat.

1958 März — Bundesverteidigungsminister Franz Josef Strauß (CSU; * 1915, † 1988) fordert eine atomare Bewaffnung der Bundeswehr.

10. Nov. — Partei- und Regierungschef Nikita Chruschtschow (* 1894, † 1971) gibt bekannt, daß die Sowjetunion das Viermächteabkommen über den Status von Berlin zu beendigen wünscht. Erneuter Ausbruch der **Berlin-Krise**.

1959 1. Juli — Heinrich Lübke (* 1894, † 1972; seit 1953 Bundeslandwirtschaftsminister) wird zum Bundespräsidenten gewählt.

13.–15. Nov. — Ein außerordentlicher Parteitag der **SPD** in Bad Godesberg verabschiedet ein neues Grundsatzprogramm, das die Aktionsprogramme von 1952 und 1954 ablöst **(Godesberger Programm)**. Die SPD stellt sich als „entideologisierte Volkspartei" dar, deren Ziel die Verwirklichung der Grundwerte eines demokratischen Sozialismus (Freiheit, Gerechtigkeit, Solidarität) ist; maßgeblicher Einfluß u. a. des stellvertretenden Parteivorsitzenden (1958–1973) Herbert Wehner (* 1906, † 1990).

1961 13. Aug. — Beginn des **„Mauerbaus"** an der Demarkationslinie zwischen Ost- und West-Berlin sowie Sperrung der Zugangswege nach West-Berlin durch die DDR.

23. Aug. — Als Reaktion auf die Sperrmaßnahmen Vorgehen der DDR-Behörden gehen amerikanische Panzer in Berlin an der Sektorengrenze in Stellung, sowjetische werden auf der anderen Seite in Position gebracht.

Aug. — Tiefgreifende Meinungsverschiedenheiten treten zwischen

	der Bundesrepublik (Bundeskanzler Adenauer) und den USA (Präsident John F. Kennedy; * 1917, † 1963) wegen unterschiedlicher Auffassungen bezüglich der Reaktionen auf den Bau der „**Berliner** Mauer" auf.
17. Sept.	Bundestagswahl: Die CDU/CSU verliert die absolute Mehrheit.
7. Nov.	Konrad Adenauer wird zum vierten Mal zum Bundeskanzler gewählt (CDU/CSU-FDP Koalition am 14. Nov.).
1962 21. März	Überhitzungserscheinungen der **Konjunktur**. Wirtschaftsminister Ludwig Erhard fordert Gewerkschaften, Verbraucher und Arbeitnehmer zum Maßhalten auf. Die Bundesrepublik wächst in eine Situation der Überbeschäftigung hinein, die zur wachsenden Einstellung ausländischer Arbeitskräfte (bis 1964 rd. eine Mio.) führt.
26./27. Okt.	Polizeiaktion gegen ein Hamburger Nachrichtenmagazin: Beginn der „**Spiegelaffäre**", in deren Verlauf zunächst die FDP-Minister ihren Rücktritt erklären.
19. Nov.	Verteidigungsminister Franz Josef Strauß, in der Affäre belastet, demissioniert.
1963 22. Jan.	Unterzeichnung des **Vertrags** über die **deutsch-französische Zusammenarbeit**. Frankreich und die Bundesrepublik vereinbaren eine besonders enge Zusammenarbeit sowie turnusmäßige Konsultationen auf Ministerebene.
15. Juli	In seiner Tutzinger Rede vor der Evangelischen Akademie entwickelt der Berliner Senatsdirektor Egon Bahr (SPD; * 1922) die Politik des „Wandels durch die Annäherung" an den Osten. Diese Gedanken sollen bestimmend für die zukünftige deutsche **Ostpolitik** werden.
11. Okt.	**Adenauer** gibt seinen **Rücktritt** als Bundeskanzler bekannt. Ludwig **Erhard** (CDU) wird sein **Nachfolger**.

Von Erhard zu Kiesinger (1963–1969)

1964 16. Febr.	Der Regierende Bürgermeister von Berlin, Willy **Brandt** (* 1913, † 1992), wird als Nachfolger Erich Ollenhauers zum Vorsitzenden der SPD gewählt.

1965 13. Mai	Aufnahme diplomatischer **Beziehungen zu Israel**; daraufhin brechen die arabischen Staaten (mit Ausnahme von Libyen, Marokko und Tunesien) ihre Beziehungen ab.
19. Sept. 26. Okt.	Bundestagswahl: Bundeskanzler Ludwig Erhard bildet abermals eine Koalitionsregierung von CDU/CSU und FDP; Erich Mende (FDP, * 1916) bleibt Vizekanzler (seit 1963).
1966 27. Okt.	Die FDP kündigt wegen Streitigkeiten um den Bundeshaushalt die Koalition.
30. Nov.	**Rücktritt** Ludwig **Erhards** als Bundeskanzler.
1. Dez.	Der Bundestag wählt Kurt Georg **Kiesinger** (* 1904, † 1988; CDU) zum **Bundeskanzler**. Bildung einer **„Großen Koalition“** von CDU/CSU und SPD. Vizekanzler und Außenminister wird Willy Brandt (SPD).
1967 12. April	Bundeskanzler Kiesinger bietet der DDR ein geregeltes Nebeneinander an und schlägt Kontakte auf den Gebieten Wirtschaft, Verkehr und Technik vor.
14. Juni	Die Bundesregierung versucht, mit Hilfe des Gesetzes zur Förderung von Stabilität und Wachstum den Konjunkturabschwung zu bremsen, die Preise zu stabilisieren, die Zahlungsbilanz auszugleichen und ein angemessenes Wachstum zu erreichen. Die marktwirtschaftliche Ordnung wird mit Elementen der Rahmenplanung umgeben. Errichtung der **„Konzertierten Aktion“** auf Initiative von Bundeswirtschaftsminister Karl Schiller (SPD; * 1911, † 1994): Verhandlungsforum von Arbeitgeberverbänden und Gewerkschaften, moderiert durch die Bundesregierung.
1. Juli	Vereinigung der drei **europäischen Gemeinschaften** (EG).
1968 **29. Mai**	Der Bundestag billigt nach heftigen Protesten in der Öffentlichkeit die **Notstandsverfassung**, die zeitweise bestimmte Artikel des Grundgesetzes außer Kraft setzen kann.
1. Juli	Die **Zollunion der EG** tritt in Kraft: Binnenzölle für gewerbliche und industrielle Güter werden aufgehoben.

28. Okt.	Bundesaußenminister Brandt erneuert ein Verhandlungsangebot an die DDR und erklärt die Bereitschaft, von der Existenz der DDR als eines zweiten Staates in Deutschland auszugehen sowie der Regierung der DDR auf der Basis der Gleichberechtigung zu begegnen.
1969 5. März	Gustav Heinemann (SPD) wird mit den Stimmen von SPD und FDP zum Bundespräsidenten gewählt.
12.–13. April	Gründung der Deutschen Kommunistischen Partei (DKP) als Nachfolgepartei der verbotenen KPD; die Wiederzulassung einer kommunistischen Partei in der Bundesrepublik soll die sich anbahnenden Verhandlungen mit dem Osten erleichtern.

Von Brandt zu Schmidt (1969–1982)

22. Okt.	Bundestagswahl (29. Sept.): **Koalition von SPD und FDP**. Bildung einer sozial-liberalen Regierung unter **Bundeskanzler** Willy **Brandt** (SPD) sowie Vizekanzler und Außenminister Walter Scheel (*1919; FDP). Intensivierung der Ostpolitik.
28. Okt.	Bundeskanzler Brandt erklärt die Bereitschaft der Bundesregierung, die Existenz der DDR als zweiten Staat in Deutschland anzuerkennen.
1970 19. März	Bundeskanzler Willy **Brandt und** der Vorsitzende des Ministerrates der DDR, Willi **Stoph**, treffen **in Erfurt** zum ersten Mal zusammen. Beginn innerdeutscher Verhandlungen auf Regierungsebene.
12. Aug.	**Vertrag** zwischen der **Bundesrepublik Deutschland** und der **UdSSR über Gewaltverzicht und Normalisierung der Beziehungen**. Anerkennung der Unverletzlichkeit der europäischen Grenzen.
7. Dez.	**Vertrag** zwischen der **Bundesrepublik Deutschland** und der **Volksrepublik Polen** über die Grundlagen der Normalisierung ihrer gegenseitigen Beziehungen: Anerkennung der Oder-Neiße-Grenze als westliche polnische Staatsgrenze, Bekräftigung der Unverletzlichkeit bestehen-

der Grenzen, Verzicht auf gegenseitige Gebietsansprüche sowie auf Gewaltanwendung.

1971
3. Sept. Unterzeichnung des **Viermächteabkommens** über Berlin. Die Sowjetunion gewährleistet den ungehinderten zivilen Verkehr von Personen und Gütern zwischen den Westsektoren Berlins und der Bundesrepublik Deutschland. Die deutschen Behörden (beider Staaten) werden beauftragt, gemeinsame Regelungen für den Reise- und Besuchsverkehr zwischen West- und Ost-Berlin, zwischen West-Berlin und der DDR sowie über den Transitverkehr zwischen der Bundesrepublik und West-Berlin auszuarbeiten.

20. Dez. Danach können erstmals seit 1961 Bewohner von West-Berlin den Ostteil der Stadt und die DDR besuchen.

1972
27. April Das **konstruktive Mißtrauensvotum** der CDU/CSU-Opposition gegen Bundeskanzler Willy Brandt, mit dem Ziel, den CDU-Vorsitzenden Rainer Barzel (* 1924) zum Bundeskanzler zu wählen, scheitert.

17. Mai **Ratifizierung der „Ost-Verträge“** mit der UdSSR und der VR Polen im Bundestag.

3. Juni Inkrafttreten der „Ost-Verträge“; mit dem Viermächte-Schlußprotokoll über das Berlin-Abkommen tritt das Viermächteabkommen in Kraft.

5. Sept. Während der XX. **Olympischen Sommerspiele** in München dringen acht arabische Terroristen in die Unterkunft der israelischen Olympiamannschaft ein und töten zwei Israelis. Bei einem Feuergefecht kommen neun Israelis, fünf Terroristen und ein Polizeibeamter ums Leben; drei Terroristen werden verhaftet.

20. Sept. Bundeskanzler Brandt stellt wegen der Ostpolitik im Bundestag die Vertrauensfrage (23 Ja- und 248 Nein-Stimmen), worauf Bundespräsident Heinemann den Bundestag auflöst.

19. Nov.
15. Dez. Bundestagswahl: SPD erstmals in der Bundesrepublik stimmstärkste Partei. Willy Brandt bildet erneut mit der FDP die Bundesregierung.

21. Dez. Unterzeichnung des **Grundlagenvertrags** zwischen der **Bundesrepublik Deutschland** und der **DDR:** Anerkennung der Viermächteverantwortung, Unverletzlichkeit der Grenzen, Beschränkung der Hoheitsgewalt auf das jeweilige Staatsgebiet, Austausch Ständiger Vertreter, Beibehaltung des innerdeutschen Handels, Antrag beider Staaten auf UNO-Mitgliedschaft.

1973
17. Febr. 1. **Stabilitätsprogramm** der Bundesregierung zur Steuerung der überhitzten Wirtschaftskonjunktur.

21. Juni Der Grundlagenvertrag mit der DDR tritt in Kraft.

18. Sept. Aufnahme der Bundesrepublik Deutschland und der DDR in die Vereinten Nationen.

19. Dez. Die Zahl der Arbeitslosen übersteigt erstmals wieder die Millionengrenze.

1974 6. Mai Bundeskanzler **Brandt tritt** nach Bekanntwerden der Spionagetätigkeit seines Referenten Günter Guillaume (* 1927) **zurück**.

15. Mai Walter Scheel (FDP) wird zum Bundespräsidenten gewählt.

16. Mai Helmut **Schmidt** (SPD), im letzten Kabinett Brandt Finanz- und Wirtschaftsminister (* 1918), wird zum **Bundeskanzler** gewählt und bildet zusammen mit dem FDP-Politiker, Außenminister und Vizekanzler Hans-Dietrich Genscher (* 1927) eine erneute sozial-liberale Regierung.

1975 1. Jan. Das Gesetz über die **Volljährigkeit** ab dem 18. Lebensjahr tritt in Kraft.

27. Febr. **Peter Lorenz** (* 1922, † 1987), Berliner Landesvorsitzender der CDU, wird von Mitgliedern der terroristischen „Bewegung 2. Juni“ **entführt**. Die zuständigen Stellen von Bund und Ländern erfüllen die Forderungen der Entführer; daraufhin erfolgt seine Freilassung.

21. Mai Beginn des Prozesses gegen Mitglieder der Terroristengruppe um Andreas Baader (* 1944, † 1977) und Ulrike Meinhof in Stuttgart-Stammheim (Selbstmord Meinhofs [* 1934] 9. Mai 1976).

Juli Zusammenkunft zwischen dem polnischen KP-Chef Ed-

	ward Gierek (* 1913) und Bundeskanzler Helmut Schmidt in Helsinki. Es wird vereinbart, Polen einen Finanzkredit von 1 Mrd. DM für 25 Jahre und 1,3 Mrd. DM für Rentenausgleichszahlungen zu gewähren. Die polnische Regierung erklärt im Gegenzug, daß sie innerhalb von vier Jahren 125 000 Deutschen die Ausreise gestatten wird.
18. Dez.	Austausch Ständiger Vertreter zwischen der Bundesrepublik und der DDR.
31. Dez.	Die Gesamtzahl der Reisen aus der Bundesrepublik und West-Berlin in die DDR und nach Ost-Berlin beträgt 1975: 7,7 Mio. (1971: 2,7 Mio.)
1976 3. Okt.	Bundestagswahl: Helmut Schmidt bildet erneut mit der FDP eine Koalitionsregierung (16. Dez.).
13. Nov.	Schwere Zusammenstöße zwischen Demonstranten und Polizei am Bauplatz des geplanten Kernkraftwerkes bei Brokdorf.
Dez.	Die Bundesrepublik Deutschland wird für die Zeit vom 1. Jan. 1977–31. Dez. 1978 in den Weltsicherheitsrat der Vereinten Nationen gewählt.
1977 7. April	Generalbundesanwalt Siegfried Buback (* 1920, † 1977) wird von Terroristen der **„Rote-Armee-Fraktion"** (RAF) auf offener Straße ermordet.
28. April	Im „Stammheimer **Terroristenprozeß**" werden die Angeklagten Andreas Baader, Jan-Carl Raspe und Gudrun Ensslin zu lebenslangen Freiheitsstrafen verurteilt.
30. Juli	Der Bankier Jürgen Ponto (* 1923, † 1977) wird von Anarchisten durch Schüsse tödlich verletzt.
5. Sept.	**Entführung von** Hanns-Martin **Schleyer** (* 1915, † 1977), Präsident der Bundesvereinigung der Deutschen Arbeitgeberverbände.
13. Okt.	Eine Lufthansamaschine wird von Palästinensern, die die Freilassung von RAF-Mitgliedern verlangen, gekapert. Auf
18. Okt.	dem Flugplatz von Mogadischu (Somalia) gelingt der dorthin entsandten **Grenzschutzgruppe 9** die Befreiung der Geiseln. Schleyer wird von seinen Entführern ermordet. Baader, Raspe, Ensslin verüben Selbstmord.

1978 17. Febr.	Annahme des Anti-Terrorismusgesetzes durch den Bundestag.
1979 13. März	Inkrafttreten des **Europäischen Währungssystems (EWS)**.
23. Mai	Wahl von Bundestagspräsident (seit 1976) Karl Carstens (CDU; * 1914, † 1992) zum Bundespräsidenten.
12. Dez.	Weil der Warschauer Pakt die Westeuropa bedrohenden nuklearen Waffensysteme verstärkt und die UdSSR immer mehr SS20-Raketen stationiert, beschließt die NATO in Brüssel die Wiederherstellung des Gleichgewichts durch Aufstellung von 572 nuklearen US-Gefechtsköpfen in Westeuropa. Zugleich wird die Bereitschaft zur Begrenzung des Raketenpotentials im Rahmen von neuen Verhandlungen betont **(„Doppelbeschluß“)**.
1980 5. Okt.	Die Wahl zum 9. Bundestag führt zur Fortsetzung der Koalitionsregierung Schmidt/Genscher (SPD/FDP, ab 5. Nov.).
1981 10. Okt.	**Friedensdemonstration** in Bonn mit rund 250 000 Teilnehmern.
1982	Der Bundestag spricht Bundeskanzler Schmidt das Vertrauen aus (5. Febr.): Ausdruck der schwelenden Krise in der Regierungsmehrheit.
13. Sept.	Verschärfung der **Koalitionskrise** zwischen SPD und FDP.
17. Sept.	Ende der sozial-liberalen Koalition.

Die Ära Kohl (seit 1982)

1. Okt.	Der CDU-Vorsitzende Helmut **Kohl** (* 1930) wird **zum Bundeskanzler** einer Koalition von CDU/CSU und FDP **gewählt**.
17. Dez.	Abstimmung des Bundestages über die Vertrauensfrage: Der Bundeskanzler findet – wie geplant – keine Mehrheit. Somit ist der Weg zur Bundestagsneuwahl frei.
1983 6. März	Die Wahl stärkt CDU/CSU und Grüne; letztere erhalten erstmals Bundestagsmandate. CDU/CSU und FDP erneuern

ihre Koalition. Helmut Kohl wird abermals zum Bundeskanzler gewählt (29. März).

1. Juli — **Milliardenkredit** westdeutscher Banken an die DDR. Entgegenkommen der DDR bei Mindestumtausch und Ausreise sowie beim Abbau von Selbstschußanlagen an der Grenze.

18./22. Nov. — Der Bundestag stimmt für die Stationierung neuer **US-Mittelstreckenraketen** in der Bundesrepublik.

1984
24. Febr. — Steigende Zahl von Ausreisegenehmigungen für Deutsche aus der DDR.

1. Juli — In Nachfolge von Karl Carstens wird der ehemalige Regierende Bürgermeister von Berlin Richard von Weizsäcker (* 1920) als Bundespräsident vereidigt (Wahl am 23. Mai).

1985 8. Mai — Zum 40. Jahrestag des Endes des Zweiten Weltkrieges hält Bundespräsident **v. Weizsäcker** vor dem Bundestag eine vielbeachtete **Rede**.

1986 6. Juni — Die Bundesregierung richtet ein Ministerium für Umweltschutz und Reaktorsicherheit ein.

Aug./Sept. — Die Bundesregierung beschließt Maßnahmen zur Einschränkung des Zuzugs von Asylbewerbern.

1.–21. Nov. — Nach einem Großbrand im Basler **Chemieunternehmen Sandoz** wird der Rhein durch große Mengen an hochgiftigen Stoffen verseucht.

1987
25. Jan. — Bei der **Bundestagswahl** wird die CDU/CSU-FDP-Koalition bestätigt. Erneute Wahl Helmut Kohls zum Bundeskanzler am 11. März.

16. Febr. — Der ehemalige Flick-Manager Eberhard von Brauchitsch (* 1926) sowie die früheren Wirtschaftsminister Otto Graf Lambsdorff (* 1926) und Hans Friderichs (* 1931) – beide FDP – werden wegen Steuerhinterziehung im Zusammenhang mit Parteispenden verurteilt.

23. März — **Rücktritt** Willy **Brandts** als SPD-Vorsitzender.

13. Sept. — Die Landtagswahl in Schleswig-Holstein wird durch das Bekanntwerden der **Barschel/Pfeiffer-Affäre** überdeckt: Der SPD-Spitzenkandidat Björn Engholm (* 1939)

wurde denunziert und bespitzelt. Ministerpräsident Uwe Barschel (CDU, * 1944) bestreitet die Vorwürfe, muß kurz darauf zurücktreten (2. Okt.) und wird schließlich in einem Genfer Hotel tot aufgefunden (11. Okt.).

12. Dez. Deutscher Atommüll-Skandal bei Transnuklear, einem Tochterunternehmen der Brennelementefirma Nukem in Hanau (bis 14. Jan. 1988).

1988
25. Febr. Die UdSSR beginnt mit dem Abzug der Mittelstreckenraketen aus der DDR.

3. Okt. Franz Josef Strauß (* 1915; seit 1978 bayerischer Ministerpräsident) stirbt.

24.–27. Okt. Während eines Besuchs von Bundeskanzler Helmut Kohl in der UdSSR werden Abkommen über Umweltschutz und Reaktorsicherheit unterzeichnet; deutsche Banken gewähren der UdSSR einen Kredit über drei Mrd. DM.

8. Dez. Der Absturz eines US-Militärflugzeuges über Remscheid führt zu einer intensiven Debatte über ein Tiefflugverbot für Militärmaschinen.

1989 2. Mai Nachdem Ungarn den Stacheldraht und elektronische Schutzanlagen an der Grenze zu Österreich abgebaut hat, flüchten hunderte, später tausende DDR-Bürger in die Botschaften der Bundesrepublik in Prag, Warschau und Budapest, um ihre Ausreise zu erzwingen.

9. Nov. Die DDR öffnet die Grenzen zur Bundesrepublik Deutschland und nach West-Berlin.

28. Nov. Nach den Ereignissen in der DDR gibt Bundeskanzler **Kohl** einen **10-Punkte-Plan** zur Überwindung der Teilung Deutschlands bekannt: Die Vereinigung soll im europäischen Rahmen geschehen, der DDR soll sofort geholfen werden, wenn sich die dortigen Reformen als unumkehrbar erweisen, angestrebt wird zunächst eine Vertragsgemeinschaft beider deutscher Staaten.

1990
12.–14. Febr. Am Rande einer Konferenz der Außen- und Verteidigungsminister von NATO und Warschauer Pakt in Ottawa werden die **„2 + 4-Verhandlungen“** über Deutschland vereinbart, an denen vom 5. Mai bis 12. Sept. 1990 die

Bundesrepublik Deutschland und die DDR sowie die vier alliierten Siegermächte (zeitweise auch Polen) teilnehmen.

25. April — Der saarländische Ministerpräsident Oskar Lafontaine (* 1943, SPD) wird bei einem Attentat schwer verletzt.

18. Mai — In Bonn wird der **Staatsvertrag** zwischen der Bundesrepublik und der DDR zur Schaffung der Währungs-, Wirtschafts- und Sozialunion unterzeichnet.

19. Juni — Im **Schengener Abkommen** vereinbaren die Bundesrepublik, Frankreich und die Benelux-Länder den Wegfall von Personenkontrollen und die Einschränkung von Warenkontrollen an ihren Binnengrenzen ab 1. Jan. 1992.

1. Juli — Die **Währungsunion** zwischen Bundesrepublik und DDR wird vollzogen; Wegfall der Personenkontrollen an der innerdeutschen Grenze.

31. Aug. — Unterzeichnung des **Einigungsvertrags** zwischen der Bundesrepublik und der DDR.

12. Sept. — Als Abschluß der 2 + 4-Verhandlungen wird in Moskau der „Vertrag über die abschließende Regelung in bezug auf Deutschland" geschlossen. Die Siegermächte verzichten auf ihre Souveränitätsvorbehalte, die Grenzen des vereinten Deutschland werden festgeschrieben.

13. Sept. — Die Bundesrepublik und die UdSSR schließen einen Zusammenarbeits- und Nichtangriffsvertrag. Deutschland zahlt für den Abzug der Roten Armee bis 1994 13 Mrd. DM.

2. Okt. — In Berlin-West endet die Herrschaft der vier Besatzungsmächte.

3. Okt. — Die **Deutsche Demokratische Republik tritt der Bundesrepublik Deutschland** nach Art. 23 des Grundgesetzes **bei**.

12. Okt. — Bundesinnenminister Wolfgang Schäuble (CDU, * 1942) wird durch ein Attentat schwer verletzt.

14. Okt. — **Landtagswahlen** auf dem Gebiet der ehemaligen DDR in den Bundesländern Mecklenburg-Vorpommern, Brandenburg, Sachsen, Sachsen-Anhalt und Thüringen. In Bran-

	denburg gewinnt die SPD, in den anderen Ländern wird die CDU die stimmstärkste Partei (absolute Mehrheit in Sachsen).
14. Nov.	Die Bundesrepublik und Polen schreiben die **Oder-Neiße-Linie** als völkerrechtlich **verbindlich** fest.
30. Nov.	Das Amtsgericht Berlin-Tiergarten erläßt Haftbefehl gegen den früheren DDR-Staats- und Parteichef Erich Honecker.
2. Dez.	Erste gesamtdeutsche **Bundestagswahl**: CDU/CSU stärkste Fraktion, Helmut Kohl setzt die Koalition mit der FDP fort (17. Jan. 1991).
1991 8. März	Das Bundeskabinett beschließt einen **Solidaritätszuschlag** von 7,5 % auf die Lohn- und Einkommensteuer zur Finanzierung des wirtschaftlichen Wiederaufbaus in der ehemaligen DDR.
1. April	RAF-Terroristen **ermorden** den Präsidenten der Berliner Treuhandanstalt, Detlev Karsten **Rohwedder** (* 1932). Birgit Breuel (* 1937) tritt an die Spitze der Treuhandanstalt.
20. Juni	Der Bundestag beschließt, den Sitz der Bundesregierung und des Bundestages von Bonn nach Berlin zu verlegen.
9.–10. Dez.	Die Tagung des Europäischen Rates in Maastricht bildet den Abschluß der Regierungskonferenzen zur Europäischen politischen Union und zur Wirtschafts- und Währungsunion.
1992 27. April	Bundesaußenminister Hans-Dietrich **Genscher** erklärt seinen **Rücktritt** nach fast achtzehnjähriger Amtszeit.
29. Juli	Der frühere SED-Generalsekretär Erich Honecker wird inhaftiert.
1993 1. Jan.	Inkrafttreten des **EG-Binnenmarktes**.
13. Jan.	Honecker reist nach der Einstellung des Gerichtsverfahrens nach Chile aus.
14.–16. Mai	Die Grünen und Bündnis 90 vereinigen sich zur neuen Partei **„Bündnis 90/Die Grünen“**.
26. Mai	Der Bundestag stimmt einer Änderung des Asylrechts zu, welche den Zuzug von Asylbewerbern durch eine „Drittstaatenregelung“ erschwert.

29. Okt. Ein **Sondergipfel der EG**-Staats- und Regierungschefs beschließt in Brüssel das Inkrafttreten des Maastricht-Vertrags zum 1. Nov. und die Umwandlung der Europäischen Gemeinschaft in die Europäische Union (EU). Frankfurt am Main wird zum Standort des Europäischen Währungsinstituts und der künftigen europäischen Zentralbank bestimmt.

1994
23. Mai Die Bundesversammlung in Berlin wählt den Präsidenten des Bundesverfassungsgerichts **Roman Herzog** (CDU, * 1934) zum Bundespräsidenten.

12. Juli Das Bundesverfassungsgericht in Karlsruhe erklärt die Beteiligung deutscher Bundeswehrsoldaten an UNO-Kampfeinsätzen für verfassungsgemäß.

31. Aug. Mit der Verabschiedung der letzten russischen Soldaten geht die 49jährige Präsenz der ehemaligen Roten Armee zu Ende.

8. Sept. Die westalliierten Truppen werden in Berlin offiziell verabschiedet.

16. Okt. Bei der **Bundestagswahl** wird die CDU/CSU-FDP-Koalition bestätigt. Helmut Kohl bildet am 17. Nov. wieder eine Koalition mit der FDP.

22. Okt. Die UNO-Generalversammlung wählt die Bundesrepublik Deutschland für zwei Jahre zu einem der fünf nichtständigen Mitglieder des Sicherheitsrats.

31. Dez. Die **Berliner Treuhandanstalt**, die das verstaatlichte Industrievermögen der ehemaligen DDR privatisieren soll, beendet nach viereinhalbjähriger Tätigkeit ihre Arbeit. Sie hinterläßt 275 Mrd. DM Schulden, die nicht durch Privatisierungserlöse ausgeglichen werden.

1995
15.–16. Dez. Treffen des Europäischen Rates in Madrid. Die Staats- und Regierungschefs der EU einigen sich auf den EURO als gemeinsame **europäische Währung**. Sie soll zum 1. Jan. 1999 eingeführt werden.

1996
17. Jan. Der Aufsichtsrat der AEG Daimler-Benz Industrie AG beschließt, den 113 Jahre alten Elektrokonzern AEG zum Jahresende aufzulösen.

18. April — Das Bundesverfassungsgericht in Karlsruhe entscheidet, daß die in der Sowjetischen Besatzungszone von 1945 bis 1949 vorgenommenen Enteignungen von Grundbesitz nicht rückgängig zu machen seien. Damit wird die Regelung des Einigungsvertrages von 1990 bestätigt.

20. Juni — Der UNO-Generalsekretär eröffnet in Bonn erstmals Amtssitze von UN-Organisationen in Deutschland: die UN-Freiwilligenorganisation UNV und das Sekretariat der Klimarahmenkonvention UNFCCC.

1997 — Die Zahl der Arbeitslosen erreicht mit 4,3 Mio. (11,2 % der zivilen Erwerbspersonen) im Durchschnitt des 1. Halbjahres einen neuen Höchststand (Febr.: 4674700 Arbeitslose; Jahresdurchschnitt 1996: 3,9 Mio.). In der ehemaligen DDR wird die wirtschaftliche Erholung weiterhin von strukturellen Problemen überlagert. Die konjunkturelle Belebung in Westdeutschland stützt sich auf den Anstieg der Auslandsnachfrage.

Register

Dem Stichwort folgt zunächst der Verweis auf Textstellen; danach folgt gegebenenfalls ein Hinweis auf ein Verzeichnis der Herrscher und Staatsoberhäupter [T].